EMPEZAR A CONSTELAR

Empezar a Constelar

*Apoyando los primeros pasos
del constelador, en sintonía
con el movimiento del espíritu*

Brigitte Champetier de Ribes

Primera edición: enero de 2010
Segunda edición: abril de 2012
Décima edición: marzo de 2026

Diseño de cubierta: Rafael Soria

© 2010, Brigitte Champetier de Ribes

De la presente edición en castellano:
© Distribuciones Alfaomega S.L., Gaia Ediciones, 2010, 2021
   Alquimia, 6 - 28933 Móstoles (Madrid) - España
   www.grupogaia.es - E-mail: grupogaia@grupogaia.es

Depósito legal: M. 29.860-2013
I.S.B.N.: 978-84-8445-291-1

Impreso en España por Artes Gráficas COFÁS, S.A. - Móstoles (Madrid)

Cualquier forma de reproducción, distribución, comunicación pública
o transformación de esta obra solo puede ser realizada con la autorización
de sus titulares, salvo excepción prevista por la ley. Diríjase a CEDRO
(Centro Español de Derechos Reprográficos, www.cedro.org)
si necesita fotocopiar o escanear algún fragmento de esta obra.

*La abundancia es infinita; hay de todo para todos.
Es el regalo de un incesante e ilimitado intercambio
entre dar y recibir.*

*La vida es una gran frase; cada uno solo tiene una palabra.
Si juntamos todas las palabras entenderemos la frase.
Solo cobramos sentido vinculados a los demás.*

Índice

Primera parte: prepararse

Capítulo 1.	Prepararse	15
Capítulo 2.	El chequeo interno	19
Capítulo 3.	Centrarse	25
	1.ª etapa: Estar presente	25
	2.ª etapa: La sintonía con los demás	27
	3.ª etapa: El movimiento del espíritu	27
	Resumiendo	28
	Los dos ejes: la verticalidad y la horizontalidad	28
	¿Es necesario meditar?	30
Capítulo 4.	Estar en el adulto	33
Capítulo 5.	Estar en el último lugar	37
	¿Qué ha ocurrido?	37
	¿Qué consecuencias tiene?	38
	¿Qué es la relación terapéutica?	39
Capítulo 6.	Purificación	41
Capítulo 7.	Vivir los órdenes del amor	45
	El derecho de pertenencia	46

Respetar el orden 50
Dar y recibir 53
Equilibrar el dar y el recibir amor 53
Equilibrar el hacer y el recibir un daño.... 55
Compensación, homeóstasis o integración
de lo opuesto... 57
Compensación arcaica o compensación adulta... 63

Capítulo 8. Vivir los órdenes de la ayuda 65
1. Los límites del dar y tomar................. 65
2. Respetar el destino............................. 66
3. Relación de adulto a adulto................ 67
4. El cliente es miembro de un sistema.... 70
5. Estar al servicio de la reconciliación.... 71

Segunda parte: Constelar

Capítulo 9. Empezando.. 77

Capítulo 10. Alguien se sienta a tu lado 79

Capítulo 11. Cómo hacer la pregunta................... 85

Capítulo 12. El movimiento de los representantes.... 93
1. El nivel del psicodrama....................... 94
2. El nivel del estado meditativo............. 95

Capítulo 13. El primer paso 97

Capítulo 14. Los órdenes del amor
en la constelación............................ 101
Compensación, homeóstasis, integración
de lo opuesto o reconciliación................. 101
Pertenencia... 102
Orden 104
Dar y recibir 106

Capítulo 15. SOBRE LAS FRASES 109

Capítulo 16. DESARROLLO DE LA CONSTELACIÓN 111

Capítulo 17. CUÁNDO INTERRUMPIR 115
  Interrumpir para cerrar 115

Capítulo 18. RONDA FINAL 117

Capítulo 19. DINÁMICA INTERNA DEL TALLER 125

Capítulo 20. DESPUÉS DE CONSTELAR,
  PARA EL CONSTELADOR 129

Capítulo 21. ENTRE CONSTELACIÓN Y CONSTELACIÓN 133

  ¡ADELANTE! 137

ANEXO 1   LOS ESTADOS DEL YO 139

ANEXO 2   CULMINAR E INTEGRAR UNA EMOCIÓN 143

ANEXO 3   ENCONTRAR LA GENERACIÓN 145

ANEXO 4   EL MOVIMIENTO DE LOS DEDOS 147
  Dedos que se pegan entre sí 148
  Movimientos de dedos sueltos 149

ANEXO 5   LA FRASE SANADORA CORRESPONDIENTE
  A UNA SENSACIÓN CORPORAL 151

Primera Parte

Prepararse

Capítulo I
Prepararse

Dice Hellinger[1] en un artículo titulado «Formación del constelador según los «nuevos» conocimientos y comprensiones de Bert Hellinger»: «El resultado de una constelación depende del constelador. Solo el que haya integrado en su vida las leyes de vida de los *órdenes del amor* [...] puede lograr realmente una constelación». Este libro quiere ofrecerte ayuda en el momento de emprender la gran iniciación y travesía que representa el empezar a constelar desde el espíritu. Propone un apoyo con respuestas concretas a dudas frecuentes, pero no sustituye a ninguna formación ni a la lectura de los libros de Bert Hellinger ni al estudio de sus grabaciones. Cada libro y artículo de Hellinger aporta algo específico e indispensable. Te recomiendo particularmente la lectura y relectura de *El amor del espíritu*[2].

Lo que presento aquí, queridos lectores, es mi experiencia, mi camino hacia una constelación lograda, dando por hecho que ya os habéis formado y habéis estudiado los libros y grabaciones de Bert

---

[1] En la página www.hellinger.com, sección Familienstellen/Info Familienaufstellung, traducido en www.insconsfa.com, pestaña Artículos, «Formación de la Escuela Hellinger», 2009.

[2] *El amor del espíritu: un estado de ser*, B. Hellinger, 2008, Ed. Rigden Institut Gestalt, 2009.

Hellinger. Muchos de vosotros ya habéis recorrido lo que os voy a exponer y no me necesitaréis. A los demás os propongo las pautas que me han ido puliendo a fuerza de mucha práctica, con avances, retrocesos, comprensiones, errores y batacazos, tras alardes de soberbia e hipertrofia del ego, entrega al movimiento del espíritu y de sus manifestaciones…

Os voy a citar una frase que me ha ayudado mucho a confiar y a fortalecerme, a seguir mi guía y mi destino, que, indefectiblemente para mí, pasa por Bert Hellinger. Es la siguiente: «Confía en el guía que sientes en sintonía y te ayuda a estar a ti también en sintonía. Sigue en sintonía incluso cuando esta misma sintonía te diga que dejes de seguir al guía».

Y algo más: «Un maestro nunca fue discípulo y un discípulo nunca se volverá maestro. ¿Sabes por qué? El maestro mira; por eso no necesita estudiar. El discípulo aprende; por eso no mira»[3].

Las constelaciones son la consecuencia de una filosofía de vida. La primera parte de este libro, PREPARARSE, condiciona a la segunda, CONSTELAR. No se puede constelar si no se ha transitado día tras día por el soltar y el recoger.

La constelación tiene tres actores, los tres de igual importancia: el cliente, los representantes y el constelador. Los tres tienen que estar en una actitud peculiar para que la constelación sea sanadora.

Os iré proponiendo reflexiones, ejercicios –sobre todo fenomenológicos–, prácticas (ejercicios y prácticas van en cursiva), movimientos sistémicos y constelaciones anónimas (en cuadros). Todo con la mirada puesta en estos tres actores. Ejercicios que a mí me han ayudado a mejorar la calidad de las constelaciones que he dirigido. Son ejercicios para realizar entre consteladores, o futuros consteladores. Son bastidores para las tomas de consciencia, tramas

---

[3] *El manantial no tiene que preguntar por el camino*, Bert Hellinger, 2001, Ed. Alma Lepik, 2007.

de sanación propia y evolución en sintonía con el movimiento del espíritu que desembocarán en la creatividad sintonizada de cada uno.

El movimiento del espíritu me ha ido guiando, animándome con los éxitos y enseñándome sobre todo a través de los tropiezos. Las supervisiones continuas, la conexión con el Sí, la ayuda paciente y permanente de mi marido cuya radiestesia es una de las manifestaciones de mi guía, o sea, del mismo movimiento del espíritu, me han permitido acumular una experiencia que debo transmitir al que le interese. Es mi parte del intercambio: tomo, luego doy.

Capítulo 2
El chequeo interno
O el diálogo con el inconsciente

Haz esta prueba: pregúntate si estás leyendo este libro y observa tu reacción corporal en la zona del tórax.

Pregúntate ahora si estás hablando por teléfono y observa de nuevo la sensación corporal alrededor del tórax.

SON SENSACIONES INAPRECIABLES para quien no ha tomado consciencia de ellas. Una vez que las hemos descubierto se hacen evidentes: cuando nuestro inconsciente nos quiere decir sí, a nivel de los pulmones o del diafragma, algo se expande, se aligera; y cuando nos quiere decir que no, algo se cierra y nos oprime ligeramente.

Nuestro inconsciente siempre nos está acompañando y hablando y lo hace fundamentalmente a través del cuerpo.

Cada vez que nuestro guía o inconsciente quiere hacerse presente, lo hace en el cuerpo. Si nos quiere animar, aprobando lo que estamos pensando o haciendo, nuestro cuerpo se ensancha, hacemos una inspiración profunda o nos sentimos fuertes, expandidos y ligeros.

Cada vez que nos quiere avisar de algo, lo hace a través de una sensación corporal que atrae nuestra atención. La sensación irá de ser un poco desagradable a francamente desagradable, según la importancia de lo que nos quiere decir. Lo hace para que paremos lo que estamos haciendo y cambiemos el rumbo de nuestra acción, pensamiento o sentimiento.

Practícalo

Descubrirás otro ritmo: el ritmo de la escucha, el ritmo de la sintonía.

Te vas a hacer una serie de preguntas observando los cambios sutiles que se van a manifestar en el tronco, en la zona del pecho y del estómago.

Primero te preguntas algo cuya respuesta es un sí o un no, y de lo que ya sabes la respuesta. Preguntas tales como ¿soy una mujer?, ¿estoy en Madrid?, ¿estoy sentada?, ¿estoy tumbada?, hasta detectar cómo reconoces un sí o un no en tu cuerpo.

Luego, vas diciéndote frases, opiniones, creencias y, de nuevo, observas tu cuerpo para saber cómo reacciona a cada una de ellas. Y así sabrás si estas afirmaciones son saludables o no para ti.

Una vez centrado, el constelador necesita reconocer la intuición, la voz del movimiento del espíritu para distinguirla de las proyecciones y fantasías prepotentes que continuamente nos vienen del ego, de nuestra compensación arcaica con todas sus fidelidades y resistencias, es decir, que aprenderemos a escuchar a nuestro guía. Y necesitamos entrenamiento y disciplina. Para ello, negociaremos primero con nuestro inconsciente, o guía, una señal sensorial nítida.

«Querido guía, te honro y te agradezco todo lo que haces por mí. Empiezo a darme cuenta de tu existencia y de tu valía y quiero poder dialogar contigo.

Por favor, dame una señal sensorial nítida y rápida, en un dedo de la mano derecha, por ejemplo, cuando me quieras decir sí. Por favor, dame esta señal para el SÍ ahora mismo».

Esperamos 3 o 4 segundos y, si no hemos notado nada, repetimos la petición con más respeto, cariño y confianza.

EL CHEQUEO INTERNO. O EL DIÁLOGO CON EL INCONSCIENTE

Cuando tengamos una señal, aunque sea poco nítida, pedimos lo siguiente:

«Por favor, querido inconsciente, dame esta señal del sí de un modo más contundente. Gracias».

La señal puede ser de cualquier tipo: calor, picor, movimiento de un músculo, de un tejido, en cualquier parte del cuerpo.

Y repetimos el proceso para el NO.

«Por favor, querido inconsciente, dame una señal sensorial, distinta, nítida y rápida, en otra parte de mi cuerpo, en la mano izquierda, por ejemplo, cuando me quieras decir no. Por favor, dame esta señal para el NO ahora mismo».

Esperamos unos segundos y, si no hemos notado nada, repetimos la petición.

De nuevo pedimos que nos dé la señal de un modo contundente, sin equívoco posible. Y agradecemos.

Practicamos para afianzar nuestra relación con el guía. Empezamos con preguntas de las que sabemos la respuesta. Preguntas a las que solo se responde con sí o con no. Una vez que nos entendemos con nuestro guía, probamos con preguntas de las que no sabemos la respuesta: ¿me sienta bien el color verde?, ¿me sienta bien el plátano?, ¿hago bastante deporte?...

Una vez establecido el código, necesitamos mantener abierto el diálogo con el guía. Ya no por entrenamiento, sino por norma de vida, por despertar, para crecer.

Y así aprenderemos la disciplina del pensamiento.

Solo nos contestará el guía si nos comprometemos con su respuesta, si le hacemos caso, si acatamos sus indicaciones. Y no se manifestará si queremos manipular o interferir en la vida de otras personas ni si queremos adivinar algo en vez de actuar. O si es por curiosidad. Tampoco lo hará si no estamos centrados.

Siempre podremos empezar con la pregunta: «¿puedo preguntarte?».

Aprenderemos también a disciplinar los pensamientos. A menudo, cuando decimos o pensamos algo, inmediatamente preparamos lo que vamos a contestar, o incluso un pensamiento más profundo y contradictorio empieza a surgir, sin que apenas tengamos consciencia de ello. Nuestro interlocutor, ya sea la persona que tengamos enfrente o nuestro propio guía, responderá siempre a la pregunta más oculta, pero puede pasar que nuestra incoherencia subconsciente provoque un corte en la comunicación. Por consiguiente, tenemos que aprender a ser conscientes de nuestros pensamientos, a valorar cuál es la pregunta adecuada, a hacer una pregunta y a no hacer la siguiente hasta que no hayamos percibido la respuesta anterior..., es decir, hay que seguir el ritmo de la sintonía.

¿Quién es este guía? Es el movimiento del espíritu individualizado.

Y ¿cómo es con nosotros? Es infinitamente paciente y bondadoso, pero también es exigente pues rechaza nuestras manipulaciones, engaños y «buena consciencia». Lo mismo nos ayuda como nos rechaza para ver si por fin dejamos de quejarnos y abrimos los ojos. Su disciplina nos acompaña siempre.

Caminar con el inconsciente
Cuatro personas

Elige a alguien que te represente a ti. Tú vas a representar a tu propio inconsciente. Una de las otras dos personas es un antepasado vinculado a ti y la cuarta es un antepasado vinculado a tu inconsciente.

En silencio, os dejáis llevar por el movimiento (ver el capítulo sobre el movimiento de los representantes).

> Antes de diez minutos se detiene el ejercicio. Descansamos en silencio varios minutos. Y se turnan los papeles. Es bueno que todos hagan cada papel. Os daréis cuenta al final de que este ejercicio es un todo y que cada turno ha ido completando el anterior.
>
> Se puede retomar el ejercicio dejando pasar un mínimo de diez días.
>
> Y así vamos dando pasitos hasta poder caminar junto a nuestro inconsciente.

Sobre estos ejercicios

Te propongo prácticas individuales y ejercicios de observación fenomenológica por un lado, y cuadros con movimientos sistémicos y constelaciones anónimas por otro.

Con los movimientos sistémicos se pone en marcha una energía de sanación dirigida por el movimiento del espíritu. Si trabajan varios grupos a la vez la energía es mayor. El grado de sanación dependerá tanto del recogimiento de los representantes como de la sintonía del que dirige el grupo.

La mayoría de las veces será suficiente con que el movimiento se haya iniciado.

En algunos casos tendremos la señal que convendrá realizar, posteriormente, una constelación particularmente importante.

Se detiene el ejercicio cuando el movimiento sanador se ha puesto en marcha. Date cuenta que, prácticamente, en todos los grupos a la vez se da esta iniciación de sanación. El efecto resonancia es sorprendente. Cuantos más grupos haya trabajando a la vez, más energía circula y se manifiesta al unísono en estos trabajos. En unos pocos minutos el movimiento del espíritu pondrá en marcha la sanación. Estos ejercicios tienen una duración máxima de diez minutos.

El grupo descansa en silencio varios minutos, puede haber preguntas y respuestas generales, pero nunca sobre lo que se acaba de vivenciar. Luego, se turnan los papeles. El protagonista de cada turno puede estar observando o tomar parte haciendo cualquier papel menos el suyo. Así suele recibir una información valiosa.

Al final del ejercicio se habrá producido un trabajo completo en cada uno. Cada turno habrá sido un eslabón en la sanación que todos van a recibir.

Todos estos ejercicios se pueden volver a hacer periódicamente, dejando pasar un mínimo de diez a quince días y abandonándolos en cuanto se transformen en rutina.

Cada vez que repitas unos ejercicios, te darás cuenta de que la información es siempre distinta. Es la ley de la fenomenología...

También te vas a dar cuenta de que si esperas demostrar algo con un ejercicio, poco vas a mostrar, mientras que si aceptas lo que el «campo» quiera ofrecer, todos vais a recibir la información y la sanación que necesitáis.

Por lo que, antes de utilizar estos ejercicios en un grupo de trabajo, será preciso sintonizar el grupo con el «campo» y abrirse a la nueva información.

Capítulo 3
Centrarse
Estar en el centro vacío

Qué significa estar en el centro vacío? Significa estar totalmente presente.

Nos centraremos en tres etapas:
Estar presente.
La sintonía con los demás.
El movimiento del espíritu.

Primera etapa: estar presente

Puedes chequear si estás presente. Si la respuesta es un «sí», pasa a la siguiente etapa.

La respiración nos va a ayudar: hacemos una espiración larga y profunda y seguimos respirando unos minutos como si tuviéramos los pulmones en el vientre.

Nos damos cuenta de la calma que entra y nos tomamos el tiempo suficiente para sentirlo. Esta respiración es la del aquí y ahora, lo que sintamos o pensemos en ese momento pertenece al ahora, nos podemos fiar de ello.

Quizás nos sorprenda algo que habíamos apartado, obviado. Ahora lo tenemos en cuenta y lo incluimos en nuestra consciencia y nuestro corazón.

Sentimos todo nuestro cuerpo, desde los pies bien plantados en el suelo, hasta la cabeza.

¿Por qué solo una espiración y no una inspiración? Porque espirar es nuestra tarea. La inspiración, el aliento de vida, el aire que nos rodea nos es regalado, entra solo. El aire es la vida, es la información, es el amor. Nuestra tarea es espirar, soltar, hacer y amar, y el aire entrará en la misma cantidad que hayamos soltado, hecho, amado y dejado atrás, es decir, proporcionalmente al espacio que hayamos creado. Con una espiración larga, la respiración se instala como si tuviéramos los pulmones en el vientre. Y nos hace presentes.

¿Cómo me vacío para llenarme del presente?
Acogiendo con compasión todo lo que se asoma, todo lo que surge, las preocupaciones, las distracciones, cualquier pensamiento.
Si la emoción es demasiado intensa, te remito al Anexo 2 [4].

Es la primera etapa del recogimiento, decir sí: a todo lo que compone mi vida, a todo lo que interfiere con mi presente y también forma parte de él, a todo lo que me viene a la mente le digo sí. Aquello que me preocupa o me ocupa actualmente lo tomo en mi corazón. Y amablemente todo se va posando, sedimentándose, llenándome de vida y liberando mi pensamiento y mi consciencia.

Lo tomo todo en mi corazón, recojo todo en mí y así, de pronto, me hago uno con todo, uno con el presente.

---

[4] Anexo 2, «Culminar e integrar una emoción» Desbloquear, liberar la creencia asociada.

Segunda etapa: la sintonía con los demás

Te chequeas para saber si estás en sintonía con los demás. Si la respuesta es un «sí», pasas a la etapa siguiente.
Te abres a los presentes, tomándolos como son. Honras interiormente sus destinos: sus sufrimientos, sus anhelos, su culpa, su muerte. Sintonizas con sus padres. Honras sus sistemas familiares. Tomas a los excluidos de sus familias en tu corazón.
Sintonizas también con los sistemas familiares de todos los que tuvieron algo que ver con los ancestros de los presentes.
«Asiento a todos como son, a todo como fue».

¿Cómo sintonizarme?
Con la intención. Pensar es actuar. Decir es actuar. Pensar y decir crean realidad. El pensar y el decir materializan una de las múltiples posibilidades que existen en cada momento, ambos conforman el modo de crear la realidad. Por tanto, si deseo sintonizarme, digo en voz alta o me digo a mí misma, de un modo centrado, visualizándolo mientras lo estoy diciendo, *me sintonizo con...* Y es inmediato. Quizás lo puedas sentir: una vibración distinta, un sonido interno distinto, una sensación interna nueva de «estar con».

Chequeas de nuevo para saber si has sintonizado con los demás, con su destino y sus padres. Observas el cambio sutil en tu cuerpo o en tu modo de percibir a la persona con la que te has sintonizado.

Tercera etapa: el movimiento del espíritu

Ahora puedes chequear si estás en sintonía con el movimiento del espíritu. Si la respuesta es un no, sigue lo que te indico, si es un Sí, ya estás en el centro vacío, eres centro vacío.

Tu intención ahora es «me abro al movimiento del espíritu».

Tras unos segundos te sentirás completamente lleno y vacío al mismo tiempo, en tu centro, benevolente hacia todos, con seriedad total; nadie puede jugar contigo. Te sentirás guiado, te sentirás como en trance a la vez que totalmente presente.

Con estos tres pasos te has alineado. Todos tus chakras se han alineado. Estás conectado con una dimensión superior. Y cuanto más tiempo estés en esa conexión, mejor vivirás y más fuerza y sanación aportarás solo con tu estar.

Te chequearás una y otra vez mientras estés constelando, para asegurarte de estar en sintonía con el movimiento del espíritu. Y cada vez que sea necesario te tomarás el tiempo de volver a centrarte en esas tres etapas.

Resumiendo

Anclas el centro vacío.
— Sintiendo bien los pies en el suelo y expandiendo la energía hacia arriba, por todo el cuerpo.
— Viendo a los demás o a sus sistemas familiares, expandiéndote horizontalmente por los ojos o el corazón.
— Abriéndote al movimiento del espíritu que se distinguirá por un recogimiento expandido, una sensación muy particular de trance hiperpresente, abierto a todo, fuerte y compasivo.

Los dos ejes: verticalidad y horizontalidad

La vida terrestre tiene dos ejes. La verticalidad, debida a la fuerza de gravedad, y la horizontalidad, resistencia al aplastamiento que permite ver y convivir con otros en el mismo plano.

¿Qué significan estos ejes en las constelaciones?

Lo vertical tiene dos vertientes: hacia abajo, la tierra con nuestras raíces y la muerte; hacia arriba, la energía del cosmos y las creencias, es decir, imágenes sacadas del pasado y elevadas por fidelidad a rango de verdades universales o eternas, motivo por el que las colocamos en el cielo. A más crecimiento menos creencias, porque nuestra mirada se horizontaliza.

La vida y los seres vivos están en el eje horizontal.

El adulto tiene la mirada horizontal. ¿Quién mira hacia arriba en las constelaciones? El que no aguanta la realidad, ya sea por el dolor que le crea, o por no asumir su propia responsabilidad, su propia culpa, es decir, un niño. ¿Qué encontramos arriba, elevándonos hacia el cielo? Las religiones, los arquetipos, etc. Pero la energía del espíritu se expande en todas las direcciones y a los seres humanos nos cuesta no reducirla a una de nuestras direcciones.

¿Para qué sirve un arquetipo? Para unir una vivencia individual a un significado colectivo, global, mítico que, a su vez, permite vincular la vivencia individual con un designio superior. El arquetipo hace función de intermediario entre el individuo aislado y ciego y una consciencia superior, inaccesible a la mente humana. El arquetipo y las grandes religiones antropomorfizan a esta consciencia misteriosa y oculta, haciéndola accesible y entendible. En otras palabras, son reductoras tanto de la vida individual como de la explicación última, al ser una explicación organizada y estandardizada de lo inexplicable. Actualmente se usa el concepto de arquetipo a modo de Campos Mórficos.

La persona en sintonía con la vida está en sintonía con lo último. Está en el asentimiento ante el misterio. No necesita buscar un significado a su vida. La vive. No reduce su experiencia mediante arquetipos o religión. Está inmersa en el gran significado y se deja llevar por lo más grande: el sí al movimiento del espíritu, es decir, sin mitos, sin intermediarios, sin instrucciones ni padres espirituales. La horizontalidad la devuelve al centro vacío, al corazón, a la sintonía con el movimiento del espíritu.

¿Es necesario meditar?

Que se llame meditación, visualización, o autohipnosis, da igual; cualquiera de estos ejercicios será necesario para adquirir la disciplina mental que permita dirigir una sesión de constelaciones. En efecto, la actitud fundamental del constelador es una actitud meditativa, totalmente centrada y entregada a la observación y al movimiento del espíritu. La concentración y la disciplina mental nos permiten estar sin juicios, sin preferencias ni rechazos, abiertos a todo y a todos de la misma manera.

Existen muchas modalidades de visualización. Todas tienen un esquema base: entrar en calma, anclarse a la tierra, abrirse a lo superior, abrirse a todo. Hellinger dice que la meditación es útil si nos conecta a la vida concreta, si nos impulsa hacia la acción.

Te propongo esta visualización para iniciar un taller:

Haz una espiración profunda.

Siente o imagina detrás del hombro izquierdo a tu madre biológica y detrás de tu hombro derecho a tu padre biológico. Si alguien sustituyó a tu madre, la pones a su lado, si alguien sustituyó a tu padre lo pones a su lado. A la distancia que te sea más cómoda, sin forzar nada.

Detrás de tu madre biológica, colocas a la izquierda a su madre, la abuela materna, y a su derecha a su padre, el abuelo materno.

Detrás de tu padre biológico, colocas a la izquierda a su madre, la abuela paterna, y a su izquierda a su padre, el abuelo paterno.

Detrás de cada abuelo, colocas a sus padres, los bisabuelos.

E interiormente te giras para a mirarlos. Son muchos, muchísimos, generaciones y generaciones e incluso gente que no pertenece a la familia pero que sí tiene algo pendiente con alguno, una deuda, una culpa, un sufrimiento.

Inclinas la cabeza ante todos ellos.

Miras a lo lejos a algo más grande.

Dices internamente GRACIAS.

Te vuelves de nuevo hacia tu vida. La miras, está delante de ti, te expones a ella. Mira a lo lejos.

Vuelves a mirar a tu vida y a cada uno de sus momentos y dices SÍ a cada uno.

Chequeando el centrado
Dos personas

Una persona va a representar a tu yo profundo, mientras tú estarás dando los pasos para centrarte. Ella te irá informando de lo que siente, para que sepas en qué momento estás centrado y cuándo no. De esta manera podrás chequear al instante qué sensación te está avisando de que no estás centrado. También aprenderás así, in situ, cuál ha de ser tu «estrategia» para volver a centrarte.

Siéntate y haz tu preparación como si fueras a dirigir una constelación: respirar, escuchar el cuerpo, sintonizar con la vida, estar con el «sí, asiento a todo», ponerte al servicio de la vida, sintonizarte con la consciencia familiar tuya, con la del cliente, con la de todos los presentes, sintonizarte con el movimiento del espíritu... Todo despacio, con los ojos abiertos y desenfocados.

Frente a ti está tu yo profundo, de pie. Se deja llevar por el movimiento. Si tiene sensaciones molestas que no puedes percibir te las va a ir diciendo. Es importante averiguar lo que sientes cuando tu yo profundo pierde el centro: confusión, calor, peso, sueño, alguna sensación en un órgano, respiración más corta, estrechamiento del tórax, del diafragma, etc.

Ve observando de qué manera te recuperas con ¿me abro al movimiento del espíritu?, ¿sí a todos como son?, ¿diciendo sí a tu destino?, ¿honrando a tus ancestros?, ¿poniendo distancia entre tú *y tus muertos?, ¿reconociendo ser muy imperfecta, ser totalmente humana?, ¿renunciando a mi anhelo y aceptando todo como es? ¿Poniendo distancia con el cliente?*

Sigue con el ejercicio hasta que estés completamente centrado.

A veces será necesario, incluso, hacer una breve constelación interna antes de llegar a centrarte.

Recuerda las manifestaciones, a menudo sutiles, que has sentido cada vez que tu representante manifestaba la pérdida de su centro, para reconocerlas a la hora de constelar.

Capítulo 4
Estar en el adulto
O estar en la fuerza del presente

Solo en el presente estamos al máximo de nuestra fuerza. Y solo estando presente podremos ayudar al cliente a estar en su fuerza. Hellinger resume el estar presente con estas tres palabras: fuerza, concentración, acción.

Nuestro estar presente es un hecho discontinuo aunque no tengamos consciencia de ello. En todo momento experimentamos lo bifásico de la vida: vivimos alternancias de momentos presentes y de momentos «hipnotizados» o enganchados con el pasado [5], ya sea el nuestro o el de un antepasado. Con el crecimiento espiritual somos más conscientes de esos momentos y pasamos cada vez más tiempo en el presente.

El Análisis Transaccional nos ayuda mucho a identificar esos momentos en que estamos en la irrealidad. Nos describe los comportamientos típicos del adulto: actitud, pensamientos, actuaciones, emociones y también las conductas que nos indican que ya no estamos presentes, por estar imitando a alguien del pasado, viviendo en el pasado o en el futuro. Solo el adulto está en la realidad y, a menudo, ese adulto se ve retrotraído por grabaciones arcaicas que datan de la infancia o de generaciones anteriores, que

---

[5] Estar en el futuro es utilizar imágenes del pasado para evocar un no-presente.

le quitan fuerza para actuar. Mientras estamos actuando en sintonía con el presente, si empieza a surgir una dificultad y un detalle nos devuelve, inconscientemente, a una situación similar de nuestra infancia o a la de algún familiar, sin darnos cuenta, vamos a revivir la emoción no superada entonces, de miedo, vergüenza o impotencia o nos erigimos en juez o salvador como lo hizo uno de los progenitores en aquel momento. Esta regresión a un estado infantil nos quita toda capacidad de adecuación a la realidad. Solo con la decisión personal de asumir el presente, a veces con la ayuda de un profesional, volvemos a nuestra capacidad de acción.

Averigua cuál es tu ecuación Padre – Adulto – Niño:
Pon tres hojas en el suelo, una por cada estado del Yo y ponte encima de cada una para sentir ese estado del Yo y lo que sientes con respecto a los otros dos estados.

No hay ayuda posible si no es desde el Estado Adulto[6].

El «Estado Padre» nos vincula siempre a una figura de poder, a un perpetrador y a la moral[7]. ¿Y qué es la moral? Es un mito familiar creado, en un momento dado, por un pariente con poder para ocultar la razón de unas víctimas y hacerlas pasar por «malas». Estamos en la imitación inconsciente de comportamientos ancestrales de dominación: protegiendo, castrando, mandando, juzgando o haciendo daño.

Estar en un «Estado Niño» es estar en un comportamiento reactivo, es estar en una reacción de sumisión o rebeldía, reviviendo inconscientemente situaciones pasadas de dependencia. El Estado Niño nos vincula a una víctima, al victimismo (sumisa o rebelde) y a las ganas de venganza.

---

[6] Véase Anexo 1, «Los Estados del Yo».

[7] Consciencia moral, consciencia individual o «buena consciencia».

Son comportamientos aprendidos en la infancia, transmitidos desde la consciencia familiar a través de los padres.

Ejercicio

1. *Ponte recto, con la barbilla un poco más alta de lo habitual. Observa cómo te sientes.*

2. *A continuación, bajas la barbilla aproximadamente un centímetro a la vez que sueltas tu columna para que adopte la curva anatómica. Y obsérvate.*

3. *Y, por último, suelta la columna totalmente.*

Repite las tres posturas, deteniéndote unos segundos en cada una hasta sentir lo que pasa en tu cuerpo y en tu ánimo en cada postura.

En la primera postura te sientes muy firme, seguro, invulnerable, muy feliz de ser quien eres, superior, con todos los órganos del tórax bien cerrados y protegidos del exterior. Estás experimentando cómo se siente el perpetrador.

En la segunda postura todo está suelto, fluido; estás descansado de la postura anterior que realmente exigía mucho gasto de energía. Te sientes vulnerable, flexible, abierto al mundo, con todos tus recursos a mano, tranquilo, confiado.

Estás en el estado Adulto, estás presente en la vida.

En la tercera postura puede ocurrir cualquier cosa, no hay fuerza ni orden, te puedes sentir vapuleado por el exterior, como una marioneta. Te sientes víctima.

Liberando el P.A.N.
Cinco personas

El Estado Adulto se sitúa entre los Estados Padre y Niño. A cierta distancia se coloca un ancestro detrás del Estado Padre y otro ancestro detrás del Estado Niño.

Todos se dejan llevar por el movimiento, de modo que cada ancestro se vea reconocido, querido o agradecido tal como es, sobre todo, por el Adulto. De esta manera, el Adulto recupera su lugar y su fuerza, apoyado por los otros dos estados.

A los diez minutos se corta el ejercicio y se turnan los papeles. La resolución que se ha puesto en marcha sigue desarrollándose después de la interrupción. La energía nunca se detiene, lo esencial es poner en marcha el movimiento de sanación.

En alguna ocasión, en cualquiera de estos ejercicios, la situación se puede bloquear, mostrando la necesidad de una posterior constelación.

Liberándonos de la buena consciencia
Cuatro personas

Alguien elige representantes para sí mismo, para su buena consciencia (consciencia moral o perfeccionismo), para un ancestro vinculado a su buena consciencia y él mismo hará de Inconsciente.

Todos se dejan llevar por el movimiento del modo más lento posible.

Vivir desde el Adulto
Cuatro personas

Alguien elige un representante para su Estado Adulto, su Estado Padre y su Estado Niño, y él mismo hará de La Vida.

Todos se dejan llevar por el movimiento del modo más lento posible.

Capítulo 5
Estar en el último lugar

Vamos a experimentar dónde tiene que sentarse el cliente, independientemente de si es diestro o zurdo. Buscaremos el lugar donde se sienta más fuerte.

Siéntate, primero, a la izquierda de tu cliente (o de su representante) y observa su fuerza. Después ponte a su derecha. Pregunta a tu cliente dónde se ha sentido con mayor fuerza. ¿Dónde os habéis sentido iguales? ¿Dónde lo has sentido tú más fuerte? También una tercera persona os puede observar y te puede decir si el cliente a tu izquierda mengua (si es diestro) y tú te haces muy grande, o si el cliente a tu derecha cobra más fuerza y tú te igualas a él.

La pregunta que hay que hacerle al cliente es ¿dónde te sientes con más fuerza? Y no ¿dónde te sientes más cómodo? Pues a veces se siente más cómodo allí donde tiene menos fuerza porque se siente protegido.

¿Qué ha ocurrido?

Si el cliente es diestro, su inconsciente coloca a su derecha a sus padres y mayores, y a su izquierda a los familiares menores, como los hermanos o hijos. Al colocarte a su derecha, entras en el espacio de los padres y el cliente te siente como a uno de sus progenitores. Si te pones a su izquierda, te colocas en un lugar jerárquicamente inferior al cliente.

¿Qué consecuencias tiene?

Colocado a tu izquierda, el cliente no tiene fuerza. Al estar tú en el espacio de sus padres, este entra en dependencia tuya y la terapia puede durar indefinidamente, sin cambio sustancial ninguno. Vas a sentir que si te retiras se va a producir una tragedia para el cliente ya que te has transformado en una figura parental. Al mismo tiempo, tú también estás incomodo, enfadado, porque sin darte cuenta, los dos habéis entrado en un juego de manipulación, en la famosa «relación terapéutica»; has perdido fuerza y algo te ata a él, tú también necesitas a este cliente..., os necesitáis los dos. Por otra parte, te estás haciendo cargo del destino familiar del cliente, llevas toda la carga, la culpa, la fidelidad a los muertos de la familia. Y además vas a pagar por no haber respetado a los padres de tu cliente y esa penalización sistémica se podrá manifestar con angustias, fracasos y enfermedades cada vez más acusadas.

Sin embargo, si eres tú el que te colocas a la izquierda del cliente, estás en el último lugar, los dos permanecéis iguales y libres el uno del otro. Ambos estáis en el estado adulto y el cliente sabrá tomar sus propias decisiones. Cuando te retires de esta relación, te sentirás libre y sin carga, pues ninguno se llevará nada del otro.

> **Más allá de la relación terapéutica**
> *Constelación anónima siete u ocho personas.*
>
> *En esta constelación, en la que el «campo» pone la identidad de la persona, se necesitan los siguientes representantes: un cliente, sus padres y su consciencia familiar (un representante para la consciencia familiar); un terapeuta con sus padres y su consciencia familiar (un representante para la consciencia familiar). Alguien puede representar también al movimiento del espíritu.*

> Hay que dejar que la constelación se desarrolle sola y en silencio. Que todo el grupo se deje impregnar por ella, cada observador y participante recibirá del campo la información que necesita.
> Al final, cada representante relatará lo esencial de su experiencia.

¿Qué es la relación terapéutica?

Es la relación entre cliente y terapeuta en la que cada uno hace una transferencia sobre el otro y ambos viven la relación desde esta transferencia.

En toda relación existe el nivel de lo que se ve, dos adultos juntos; y el nivel oculto. Y siempre es el nivel oculto el que dirige el intercambio.

Si ambas personas están en su «Estado Adulto», el nivel aparente y el nivel oculto serán los mismos, la terapia puede funcionar, los cambios para mejor se notarán, pero si el cliente está en su «Estado Niño», habrá incongruencia entre su demanda aparente y su demanda real, ya que el «Estado Niño» estará relacionándose con el terapeuta como un hijo. Automática e inconscientemente, el terapeuta se siente invitado a responder como madre o padre, transfiriendo a su vez sus necesidades sobre el cliente, produciéndose así la contratransferencia: un gran juego psicológico. El terapeuta acaba necesitando a su cliente más que el cliente a su terapeuta y no hay cambio posible. Se produce una simbiosis que solo acabará cuando uno de los dos rompa la relación.

«Dos no juegan si uno no quiere».

El terapeuta experimentado se mantiene en su Estado Adulto, sea cual sea el envite del cliente y de esta manera le ofrece la única manera de sanarse y recuperar su autonomía.

Capítulo 6
Purificación
Limpiar nuestra casa y cultivar nuestro jardín

Durante tu formación en las Constelaciones Familiares, te habrás estado limpiando, ordenando, reencontrando y soltando. Te has puesto en marcha en la senda del crecimiento personal.

Cuando alguien se pone al servicio del espíritu, le dice sí. En contrapartida recibe luz. A su vez, adquiere un compromiso que le será exigido cada vez que se le olvide: el de seguir creciendo abandonando creencias y dependencias emocionales.

Esto quiere decir que el universo va a contribuir a nuestra purificación, poniéndonos frente a nuestras manipulaciones, miedos y frustraciones hasta que los soltemos. Al sintonizarnos con el espíritu nos volvemos cada vez más flexibles y transparentes, más conscientes de nuestra imperfección, con el ego más trabajado y mucho más serviciales.

Avanzar con las constelaciones, como constelador, significa avanzar como ser humano. No es posible estar en sintonía y no avanzar.

Por otra parte, como ya sabes, la realización de uno viene definida por su consciencia familiar, solo el proyecto que resuelva algo dejado pendiente por sus antepasados tiene posibilidad de éxito, los demás proyectos son sueños con la cometa...

Si eres constelador significa que tu consciencia familiar tiene urgente necesidad de limpiar un pasado muy doloroso. Y te lo irá recordando.

Todo terapeuta lo es porque su consciencia familiar necesita que así sea. En cada terapia, que lo sepa o no, el constelador se sana al mismo tiempo que su cliente. Tal vez ocurra a través de las células espejo o por resonancia, no lo sé, pero es un hecho. En cada constelación, el constelador sana algo de su propio sistema.

Cliente y terapeuta se necesitan mutuamente.

De ahí la gran vigilancia que debemos observar para evitar la relación terapéutica, ya que esta relación ata a ambas personas y las vuelven «interdependientes».

Por otra parte, todo cliente es atraído irremediable e inconscientemente hacia lo oculto de su terapeuta, hacia el límite, o sea, hacia la neurosis y las creencias del terapeuta.

En efecto, en su agradecimiento incondicional al terapeuta, el inconsciente del cliente se pone en sintonía con el inconsciente del que le ayuda: el cliente empieza a utilizar involuntariamente el mismo sistema simbólico que su terapeuta (arquetipos si es junguiano, represiones sexuales si es freudiano, vivencias de otras vidas si cree en vidas pasadas, etc.) ofreciéndole lo que él estaba anhelando a un nivel oculto y adoptando las creencias y modo de vivir de este. Es inevitable.

¿Cómo amortiguar entonces el efecto de esta resonancia?

— Asumiendo «la soledad del terapeuta», renunciando a las relaciones de convivencia y amistad con los clientes.
— Estando en un proceso constante de crecimiento. A más crecimiento menos creencias. Así el cliente estará cada vez más libre con respecto a su terapeuta.

¿Y cómo hacer esto?

Bert Hellinger suele comentar que la psicoterapia representa quizás un dos o un tres por ciento de nuestra vida, mientras que lo que puede abarcar toda la vida y nos lleva a la purificación es la puesta en práctica de los Órdenes del Amor.

Capítulo 7
Vivir los órdenes del amor
Sintonizando con el amor del Espíritu

Solo el constelador que haya conseguido el éxito en su vida podrá llevar a su cliente al éxito, solo el que haya tomado a su madre podrá llevar al cliente a tomar a su madre, solo el que esté respetando los órdenes del amor podrá percibir las transgresiones de los mismos, solo el que esté en sintonía con el movimiento del espíritu podrá ser canal de la fuerza sanadora.

Himno a la vida

Sí a todo como es y a todos como son.
Gracias a todo como es y a todos como son.
Acepto sacar provecho de mi vida,
a la vez que acepto las desgracias.
Quiero a cada uno como es,
incluso a los que me dan miedo, rabia o repulsión.
Desde mi lugar, ni más ni menos,
respeto las jerarquías, honro lo que está antes que yo,
honro la naturaleza, planta o animal, honro a mis mayores.
Me entrego a los posteriores, a los nuevos, a lo nuevo.
Empujado por el agradecimiento incondicional
a mis padres y a mi entorno,

devuelvo lo recibido dando a los demás y pido lo que necesito.
Consciente de mi pequeñez y mis errores,
vivo con alegría el momento presente.
Me abro a la vida.

El derecho de pertenencia

Todas las personas tienen el mismo derecho a la pertenencia.

Esto responde al principio de que la energía nunca se pierde. Se conserva en la memoria inherente del «campo» y se transmite el recuerdo de todo y de todos con la misma intensidad. El sistema familiar vela por la integridad del clan impidiendo cualquier intento de exclusión u olvido. En cuanto alguien es rechazado, un mecanismo ciego designa a un ser más joven para representar a este rechazado, para que sea visto y reintegrado. La pertenencia arcaica se manifiesta a través de la buena consciencia o consciencia individual. La pertenencia adulta es la pertenencia a la totalidad, la que asume todo lo que hay, todo lo hecho, bueno o malo, la que asiente a todo como es.

El derecho de todos a pertenecer por igual es, posiblemente, el que más exige de cada uno de nosotros. Nuestra consciencia moral o consciencia individual «de pertenencia» nos acompañará toda la vida; es nuestra señal de identidad como «hijos de», es la fidelidad a un linaje y a sus avatares. Nuestro crecimiento consistirá en distanciarnos de ella, darnos cuenta del daño que hacemos con ella, asumir las consecuencias y renunciar a su elitismo, dictámenes y juicios.

Nuestra consciencia moral es una fuerza de muerte y lo esencial de nuestro trabajo de constelador reside en introducir un plus de vida. Al ser constelador adquirimos un compromiso con respecto a la consciencia: el de renunciar a nuestra buena consciencia, escala de valores, a nuestros ideales y a nuestra moral.

¿Cómo? Estando conectados a esta frase: «*sí, asiento a todo*».

esperanzas son otras? ¿Porque tú y tu familia tenéis otro pasado y otro futuro? ¿Tal vez porque ellos se enfrentan a otras amenazas y deben armarse y defenderse?

Del mismo modo que tú eres distinto para mí, yo lo soy para ti. Esta diferencia nos hace, sin embargo, parecidos e iguales en lo más profundo. Al tomar consciencia de este parecido en mí, me siento unido a lo que acontece en ti. Llevo tu mismo movimiento. Te comprendo sin ser como tú. Y tú me entiendes sin ser como yo.

Mientras permanezco en mi ámbito de vida y tú en el tuyo, es relativamente fácil, no tenemos que vivir juntos ni tratar cosas. Pero cuando me acerco a tu ámbito de vida, me alejo del mío durante un tiempo. Ahora tu ámbito de vida es también el mío. ¿Cómo me comporto, entonces, para que sientas que te respeto, como también respeto tu ámbito de vida, para que te convenzas de que yo sé que soy igual que tú, siento como tú, pienso como tú, honro lo que honras tú, tomo lo que me ofreces y gracias a lo que para ti es importante y valioso, yo me enriquezco?

¿Acaso pierdo algo de mí?

Todo lo contrario. Soy más de lo que era antes».

La televisión es un excelente laboratorio de nuestra sintonía con el amor del espíritu: llegar a poder zapear sin tener ninguna reacción de rechazo a ningún programa... todo lo que existe es igualmente valioso solo porque existe. Pues así es pensado por el espíritu, así participa de la Vida.

Frente a la vanidad, la injusticia, la crueldad, frente a programas o personas que no te gustan, te dices «sí, asiento a todo», «en ti me encuentro a mí mismo».

Te abres al sistema de valores y fidelidades de los programas que no te gustan, hasta descubrirlos. Quizás, te estén hablando de una proyección tuya, de una prohibición de tu propio sistema.

Toma a los padres de los televisados en tu c___ honra su destino, honra el papel, desconocido por ti, que ju___ de la vida, honra su amor arcaico.

Puesta en práctica

En nuestra vida personal, allí donde vivimos la vida como es, en casa con nuestros íntimos, con la familia, con los vecinos, en el trabajo, en la calle... Asiento a todos como son.

El que me hace sufrir o rabiar es fiel a sus valores, a su sistema, tanto como yo con mi reacción opuesta. Veo su fidelidad y le dejo con su responsabilidad.

Honro al excluido, al que está siendo fiel con este comportamiento difícil.

Veo mi propia fidelidad, aun cuando no tenga mucha consciencia de hacia quién se dirige, llevo con cariño mi consciencia moral a mi corazón y me abro al otro como es.

Separo a la persona de sus valores. La persona tiene todo mi respeto. Sus valores y los míos los devuelvo al pasado, me niego a que actúen sobre mi presente.

Pienso en el otro como si fuera el movimiento del espíritu que me estuviera testando.

Digo sí a la situación, aunque no la entienda.

Aprovecho esta ocasión para reparar un poco el daño que he hecho anteriormente a tanta gente por la estrechez de mi consciencia moral.

En la calle, con las personas que nos llaman la atención: toma a sus padres en tu corazón, toma al excluido del sistema en tu corazón, honra el destino de esta familia o de esta persona.

Todos somos uno. Así somos pensados por el espíritu. Pertenecen tanto como yo.

«Tú y yo valemos por igual».

Hellinger escribió en «Viaje a Jordania», junio, 2006[8]:

«¿Por qué eres distinto? ¿Porque tienes otros padres, porque naciste en otra familia, o tal vez porque crees en otra cosa y tus

En cada situación, buscamos al olvidado, expulsado, excluido para tomarlo en nuestro corazón.

Frente a la pobreza, honro el sistema familiar de las personas, honro su país, honro el lugar que tienen esas personas en la sanación de su sistema. Honro lo que les toca realizar.

Tomo a sus padres en mi corazón, honro su destino, honro a los ancestros a los que siguen.

Tomo en mi corazón su sufrimiento.

El respeto a su dignidad guía mi actitud y mis actos.

Poner a la consciencia moral en su sitio

Cuatro representantes: la persona, su consciencia moral, un ancestro perpetrador con quien está vinculada la consciencia moral y el Amor del Espíritu.

Dejamos que los representantes estén embargados por el movimiento más lento posible.

La persona puede ser representante de cualquiera menos de sí misma. Los cuatro se pueden ir turnando, dejando unos minutos de descanso antes de retomar. El silencio es necesario. La sesión no debe durar más de 10 minutos.

Este ejercicio pone en marcha el soltar la consciencia moral (con su consiguiente perfeccionismo o miedo a la crítica). El Amor acabará abrazándola, si se deja. Para ello, será necesario que la persona en algún momento vea y honre al perpetrador, desapegándose de él y de su imitación.

En caso de bloqueo manifiesto, una constelación será indicada.

En alguna ocasión, este mismo ejercicio se puede transformar en una constelación.

Cuando me siento superior

La mejor defensa es un buen ataque, ¿no? O tú o yo...

¿Qué me impide asentir a esta persona como es, tenerle ternura tal como es?

¿Qué aspecto vergonzoso, tan escondido en mí, me está reflejando?

¿Qué es lo que muestra esta persona con tanta osadía, que me da tanta vergüenza recordar en mí?

¿A quién soy fiel? ¿A quién imito? ¿A quién me siento con el derecho de vengar?

Frente a los abusos de poder: «yo soy como tú», «te tomo tal y como eres y digo No a tu buena consciencia».

¿A quién excluyo yo?
Cinco personas

Colocas a la persona misma; a su propia culpa; a un rechazado por la persona; a un ancestro al que la persona es fiel rechazando a alguien; al Amor.

Dejas evolucionar el grupo, siempre desde el movimiento más lento posible y en silencio.

Es posible que la persona acabe abrazando su propia culpa y reconciliándose con quien rechazaba.

Respetar el orden

Todo sistema tiene un principio y un fin, todo lo que vive es atravesado por la dimensión «Tiempo». Cada persona de cualquier sistema tiene un solo lugar: el que le marca su fecha de entrada en el sistema. Y a partir de ahí los anteriores son respetados por los posteriores. A cambio de esto, los anteriores se ponen al servicio de los posteriores. El orden impone un derecho y un deber distinto a cada cual. Cada uno, con el paso del tiempo, llegará a vivir los mismos derechos y deberes que los demás. Exigirlos es inútil, solo llegan cuando nos toca.

Más allá de la familia, el orden que rige los grupos combina tres factores: la antigüedad, la función y la formación. A más alta función, con más formación, mayor será la entrega a los demás y más grande el respeto recibido.

El respeto del orden es la condición sine qua non del amor. Del respeto del orden nace un amor adulto y humilde, un amor muy fecundo.

El orden entre sistemas

El sistema más reciente tiene preferencia sobre el sistema más antiguo. Por tanto, la familia actual tiene preferencia sobre la familia de origen, la familia creada al tener un hijo de una última relación adúltera tiene preferencia sobre la familia «oficial».

> **Orden entre sistemas**
>
> *Pon cuatro parejas una detrás de otra: delante tu sistema, aunque no tengas pareja, detrás el sistema de tus padres, más atrás el sistema de los abuelos y algo más atrás el de los bisabuelos.*
>
> *Observa si cada sistema respeta al que tiene delante o si por el contrario lo quiere retener.*
>
> *Toma en tu corazón lo que observes.*

El orden entre miembros de un mismo sistema

El anterior tiene preferencia sobre el posterior, el miembro de introducción más antiguo en el sistema tiene preferencia sobre el miembro de introducción más reciente (el abuelo tiene preferencia sobre el padre, el hijo de un primer matrimonio tiene preferencia sobre el cónyuge del segundo matrimonio. En una empresa la antigüedad prima sobre la función o el estatus).

¿Por qué este orden?

Los individuos están al servicio de la supervivencia de su sistema. Es una ley natural que encontramos en cada escalón de la existencia. Entre los seres humanos, los pequeños están, inconscientemente, al servicio de su consciencia familiar. Su respeto a los ancestros y su asentimiento harán que los mayores se vuelquen hacia ellos, protegiéndoles. Con el tiempo, los más jóvenes se transformarán también en ancestros.

En un grupo ordenado, toda la energía se vuelca a la tarea. Por el contrario, el desorden hace que cada uno gaste su energía buscando su lugar, sumiéndose en los conocidos problemas de «dinámica de grupo».

Respetar el orden es una tarea de cada momento, un estar despierto, pues en cada grupo y en cada momento hay un lugar especifico y distinto para cada uno. Y este ponerse en su lugar es una de las claves de la paz, pues desactiva las dinámicas ocultas internas de los grupos provocadoras de conflictos.

Obsérvate en los grupos con los que convives, siente si estás en tu lugar: a tu derecha los más antiguos que tú, los que tienen una función superior o más formación[9]. A tu izquierda, los llegados después que tú, los que tienen una función o formación menor que la tuya.

---

[9] La jerarquía de las funciones o de las formaciones se establece sistémicamente en función de su importancia para la supervivencia del grupo.

El desorden se nota sobre todo en el estómago, también con calor o peso en un brazo o en un hombro.

En casa, alrededor de la mesa, pon a cada uno en su lugar y te asombrarás de la cordialidad resultante.

Como es afuera es adentro. Abrirse a lo nuevo, a los nuevos.

Cuando me siento estancada, en la rutina, poco receptiva a nuevos mensajes del Espíritu, poco receptiva a los últimos llegados, busco ser creativa y receptiva con mi vida cotidiana:

Cambiando el orden de las cosas y de mis hábitos.

Soltando y regalando objetos y enseres.

Variando los caminos que recorro andando, para que mi cerebro diseñe nuevas rutas sinápticas: cambio de recorrido, voy por donde no me apetece y me dejo sorprender por lo que descubro, voy por caminos desconocidos, me abro a nuevas sensaciones y nuevos conocimientos.

Dar y recibir

Otra variante de la homeóstasis —que vamos a ver más adelante— es la necesidad de equilibrar el dar y el recibir amor y equilibrar el hacer y el recibir daño, para que la vida fluya. Es esto también un reflejo automático, gracias al cual la vida social existe.

Equilibrar el dar y el recibir amor

Significa devolver el amor recibido, por igual, si queremos permanecer libres. O un poco más de lo recibido, si queremos que la relación continúe. El corolario es: dar amor solo en la medida en que el otro sea capaz de devolverlo.

Hacer un círculo

Cada uno ofrece a su vecino de la izquierda la mano izquierda con la palma hacia arriba y al vecino de la derecha la mano derecha con la palma hacia abajo. Observa las sensaciones del grupo.

La mano izquierda es la del niño que recibe, la mano derecha es la del adulto que da.

Recibir de los padres

Colocas a Padre y Madre frente a un hijo anónimo. Hacia delante alguien representa el Entorno.

La primera consigna es que este hijo o hija rechaza a sus padres, los encuentra egoístas y mezquinos.

Deja pasar un minuto o dos, observando.

Ahora la nueva consigna es que este hijo ha madurado y ha tomado incondicionalmente a sus padres.

Al cabo de un tiempo, comentas que este hijo va a dar las gracias a sus padres.

Observas las reacciones, los actores pueden comentar lo que sienten.

Observarás que el gesto de los brazos y manos abiertos hacia delante son, a la vez, una señal de apertura, de agradecimiento, de devolver y de DAR.

Agradecer, devolver y dar es lo mismo...

Equilibrar el dar y el recibir entre terapeuta y cliente: «el cliente que no da no se permite recibir», decía Sigmund Freud. Y nosotros podemos añadir «el terapeuta que no cobra se siente menos comprometido».

Por eso los buenos samaritanos no tienen mucho éxito.

Dar y recibir entre iguales

Dos personas se colocan una frente a la otra. Representan a dos personas de la misma generación, de familias distintas o no. Les vas a dar distintas consignas, una tras otra, para poder observar lo que ocurre:

1. Una da más de lo que la otra puede devolverle.
2. Una no quiere recibir nada de la otra, rechaza todo lo que le ofrece.
3. Una pide más de lo que la otra le puede dar.
4. Una no quiere dar nada, solo recibir.
5. Ambas se agradecen lo recibido.

Es solo un ejercicio de observación, por tanto, cada secuencia es breve, dura un minuto o dos.

Uno se enfada con la vida misma, como los adolescentes.

¿A qué progenitor no quieres dar las gracias?

Uno no quiere que le paguen, está por encima del vulgar dinero.

¿A qué progenitor no quieres tomar?

¿A qué progenitor no quieres deber nada porque te sientes por encima de él?

Uno tiene rencor; no se le ha dado lo que necesitaba.

No quiero recibir de esta persona. ¿A cuál de tus progenitores te niegas en tomar tal y como es?

Uno se queja; exige otra cosa, no toma lo que le ofrecen.

Lo has perdido todo. No tomas a tus progenitores como son. Ni recibes ni das. No quieres a nadie, por lo que nadie te quiere.

Equilibrar el hacer y el recibir un daño

La víctima consigue compensar el daño recibido devolviendo el daño pero un poco menos, por amor, en vez de meterse en la buena consciencia de la venganza que pide más y más sangre, o en la buena consciencia del que se siente superior «esto no me afecta», despreciando al perpetrador.

En cuanto al perpetrador, compensa lo que ha hecho asumiendo y reparando el daño cometido, en vez de caer en la expiación (que se hace para calmar la consciencia y no por amor al otro).

Se devuelve el daño para poder restablecer el equilibrio, para sentirse de igual a igual, para poder empezar de nuevo la relación.

Si se devuelve más daño, se entra en la escalada del revanchismo, si se devuelve menos, abre la puerta al agradecimiento y a la relación, si se devuelve por igual, la relación muere por indiferencia.

Cuando no se equilibró el daño, cuando se dejó pendiente el asumir la culpa o las ganas de venganza, algunos de los descendientes son designados para llevar esa culpa o esa venganza o para imitar a la víctima o al perpetrador.

Todos actuamos empujados por fuerzas superiores a nosotros mismos. Los criminales también. Actuamos tal y como lo está pensando el espíritu. Fieles cada uno a nuestra consciencia familiar y a la compensación que nos ha sido encomendada. También existe nuestro libre albedrío y el movimiento del espíritu lo respeta.

Por lo que solo puede haber solución de un crimen, de una falta o de un sufrimiento infligido a alguien, si el terapeuta tiene consciencia de que el culpable es también fiel a su sistema y se alía con él, tomándolo en su corazón tal y como es, iniciando así el movimiento de reconciliación que el sistema está necesitando.

El terapeuta debe aliarse no con la víctima sino con el perpetrador, sentir por él tanta compasión como por la víctima y a la vez mostrarle la dirección de su responsabilidad: descubrir el daño que ha hecho para asumir el castigo o las consecuencias.

Alguien te produce ira

Identifica cuál es la conducta X de esta persona que hace que sientas ira.

Ahora te hago esta pregunta, a la que no necesitas responder: y tú ¿qué haces con tu conducta X?

Por lo que, ahora, puedes decirle a esta persona «soy como tú», «te deseo lo mejor».

Alguien te irrita

Identifica cuál es la conducta X de esta persona, la que te produce la irritación.

Y tú ¿qué haces con tu conducta X?
¿Por fidelidad a quién reprimes esa conducta X? ¿A tu padre? ¿A tu madre?
Toma ahora la decisión siguiente, di con voz fuerte: «me doy el permiso de ser un poco malo, me doy el permiso de tener un poquito la conducta X».
Al que te irritaba dile «querría ser como tú», «ya soy como tú».

La escalada del daño
Pon dos personas una frente a la otra. Define sus papeles: una ha hecho mucho daño a la otra. Al cabo de unos minutos dices: «el perpetrador ya se ha dado cuenta del daño que ha hecho».
Después dices: «la víctima se quiere vengar». Esperas unos minutos más y dices: «la víctima ha podido decir cuánto había sufrido».
Observas toda la evolución. Y si hace falta dices: «ahora se miran a los ojos y van descubriendo a otro ser humano semejante a ellos mismos».
Esperas a que se produzca la reconciliación.

Frente a los abusos de poder
Miramos al perpetrador, al violador, al asesino y le decimos: «Sí, asiento. Yo soy como tú. Dejo la responsabilidad contigo».
«Te deseo lo mejor a la vez que digo NO a tu buena consciencia».
«Tomo con amor tu buena consciencia y la mía, a la vez que renuncio a que manden sobre mí».

En las condenas crueles
Tengo compasión para todos los actores, tanto para el legislador inhumano como para el condenado y su víctima, tengo compasión por la persona a la vez que la dejo frente a su responsabilidad, a las consecuencias de sus actos, de su rechazo al amor y al infantilismo de sus justificaciones morales o legales, etc.

Compensación, homeóstasis o integración de lo opuesto

A los tres órdenes del amor anteriores, ampliamente descritos por Hellinger en todos sus libros, se suma otro, el transversal al que Hellinger llama «la compensación». También podemos llamarlo «la integración de los opuestos» o la reconciliación.

¿Qué significa compensación?

En todo sistema, cuando se produce un desequilibrio, se pone en marcha una compensación automática, inversamente proporcional al desequilibrio, hasta que este se restablezca, exactamente igual que los radiadores conectados a un termostato que solo funcionan mientras haya un desequilibrio de temperatura. De este modo, toda la energía del sistema (empresa, motor, cuerpo, institución, familia…) sigue dirigida al servicio de su meta, no tiene que preocuparse por regular el desequilibrio.

---

[10] «La idea de tener un cuerpo físico sólido es una ilusión de los sentidos. El cuerpo está compuesto de ondas electromagnéticas resonantes. La mayor parte de nuestro cuerpo es un espacio vacío que contiene campos diminutos de ondas vibratorias. Usted es un sistema vibratorio. Usted está hecho de puras ondas liberadoras de luz, que los físicos llaman *cuantos*.

Una onda quántica de luz se compone de subidas y bajadas, de fases positivas y negativas. De forma similar, usted se compone de subidas y bajadas o de *emociones* positivas y negativas. Las fases de subidas y bajadas corresponden a las subidas y bajadas de su consciencia; las mismas leyes gobiernan ambas cosas. Las fases positivas de luz se llaman *positrones*. Las fases negativas se llaman *electrones*. Ninguna de estas fases por sí misma es luz; se trata de partículas cargadas y materializadas en el espacio y el tiempo. Cada una de ellas tiene masa y participa en lo que se denomina *densidad*. Si una onda de luz representara la verdad, las fases positivas o negativas solas representarían verdades a medias.

Cuando las fase positiva y negativa se juntan en perfecto equilibrio dan lugar a la luz. La luz no se mueve a través del espacio como un rastro continuo brillante, sino que va y viene dentro y fuera de la existencia, conforme salta de una onda completa, o *cuanto*, a la siguiente. Entre los puntos de luz (fotones)

La meta del sistema familiar es transmitir la vida. Toda la energía del campo del sistema familiar va dirigida a la transmisión y mantenimiento de la vida. Todos los desórdenes van a provocar la puesta en funcionamiento de automatismos de regulación: la compensación arcaica.

---

se encuentran las partículas mediocuánticas positivas y negativas (positrones y electrones). Eso es un salto cuántico: un salto desde un estadio radiante de iluminación al siguiente.

En estos momentos se preguntará: «¿Dónde me lleva este tipo con toda esta física? ¿Por qué está hablando de cosas tan abstractas?».

Estoy hablando de su *ser*, de su naturaleza física, como una vibración. Existen leyes que gobiernan esas vibraciones. Cuando usted aplica tales leyes, puede comprender lo que sucede en la vida y esta comprensión es fundamental para su experiencia iluminadora. Algunos físicos han dicho que la materia de la que está hecha el cuerpo físico consiste en luz congelada, condensada y enfriada; y tienen razón. En realidad, *todo* es luz, todo es vibración, todo es espíritu.

Estamos preparados para comprender estos principios y leyes en el mundo físico y para asumir que no se aplican al mundo de la mente, pero nuestra consciencia funciona de la misma manera que la luz. ¿Se ha sentido usted alguna vez orgulloso y emocionado con algún aspecto de su vida, de sus finanzas, de su carrera o de sus relaciones y en ese momento le ha ocurrido algo que le bajó los humos? No se trata de un error, sino exactamente de la manera en que el universo se asegura de que usted aprende a amar. En el momento en que usted ve más aspectos positivos que negativos, atrae una situación en la que ve más negativos que positivos para regresar al equilibrio.

Existe una ley en la simetría, en la física cuántica, que excluye cualquier estado aislado de semicuánticos (positrones). Parece ser que en el universo siempre existe un estado antisemicuántico (electrones) para equilibrarlo. Todos los fenómenos son universalmente cuánticos totales. Al estudiar dicha ley pensé: «eso quiere decir que no puede haber cosas como la felicidad sin tristeza o la tristeza sin felicidad». […]

Cada vez que usted percibe un positivo sin negativo, pasa a una emoción positiva; cada vez que usted percibe un negativo sin positivo, pasa a una emoción negativa; y ambos son estados de baja frecuencia (energía cinética) que desperdician su potencial y dirigen su vida. En medio de las experiencias positivas y negativas, entre lo que le gusta y lo que no le gusta, se encuentra el núcleo de la

Los órdenes del amor son la aplicación de la homeóstasis a la vida humana. Todo desorden se tiene que ir compensando para que la energía del sistema esté totalmente dedicada a la vida.

La física cuántica nos explica la razón de ser de la homeóstasis [10]. La estructura de la energía es bifásica, bipolar, y el salto cuántico, explosión de energía, se produce cuando se compensan las dos fases. En nuestras vidas ocurre lo mismo, llegamos al amor y a la plenitud cada vez que logramos compensar.

---

experiencia humana, que no es otra cosa sino el *amor*. El verdadero amor es una síntesis de dos aspectos de una onda y una onda completa es luz, que también se puede llamar «amor». El amor es un estado cuántico completo. Los físicos saben que un estado cuántico completo no posee masa ni carga, ni espacio ni tiempo, que por definición es espiritual e incondicional.

La consciencia es luz y nace en estados cuánticos completos. Dios es luz cuántica completa.

La gente tiene diferentes concepciones del *amor,* pero yo lo defino como «la síntesis o la mezcla perfecta de dos percepciones dualistas, la suma de todas las polaridades». Cuando la felicidad y la tristeza se juntan, forman el amor. Lo que le gusta y lo que no le gusta, lo positivo y lo negativo, el dolor y el placer, el electrón y el positrón, todos ellos son dualidades y cuando se unen por completo son amor. Sea cual sea la «…logía» que usted investigue, todas conducen a la misma esencia: el amor, la teoría del campo unificado que penetra en cada ser humano y los une a todos.

[…]

Para crear la luz es necesaria la unión perfecta de las partículas positivas y negativas y, exactamente, de la misma manera, usted necesita ambos lados de cada acontecimiento para alcanzar su verdadera naturaleza, que también es luz. La luz en el centro es amor incondicional; las ondas o partículas emocionales son amor incondicional. Atraen a su lado opuesto, que usted necesita para regresar al centro, pero *todo* es amor».

pp. 48 a 52
La experiencia descubrimiento.
Un nuevo y revolucionario método para la transformación personal
John F. Demartini, ed. Urano, 2003.

La ley de homeóstasis hace que allí donde hubo enfermedad se necesite que haya salud, tristeza alegría, etc.

La persona se hace completa cuando abraza incondicionalmente su contrario: otra religión, otra raza, otra clase social, el sexo contrario... La energía le embarga cada vez que acepta lo que vive y su contrario.

Vivir las situaciones difíciles de esta manera permite aceptar vivirlas, honrar su grandeza, así como las fidelidades que las han provocado, a sabiendas de que son el anverso de las situaciones placenteras y que, en cuanto hemos equilibrado la una con la otra, surge la fuerza. Entonces damos un salto cualitativo de crecimiento, nuestra frecuencia es más alta y solemos recibir una comprensión nueva.

Todo lo que existe, existe junto a su opuesto o su complementario, lo necesita, se define con respecto a ese antagonista: la vida se define con respecto a la muerte, el día con la noche, el amor con la indiferencia, pequeño con grande, hombre con mujer... cuando las polaridades están equilibradas, el sistema, el que sea, tiene la máxima potencia.

La energía, el amor, la fuerza irrumpen en nosotros cuando admitimos este principio y abrazamos los opuestos que surcan nuestra vida.

Cada elemento de la vida cobra sentido y existencia cuando se une a su complementario: día y noche, amor y odio, salud y enfermedad, dependencia y autonomía, mujer y hombre, dar y recibir, gana y desgana, inocencia y culpa, uno y todo, etc.

Alguien íntimo me ha ofendido, ha hecho o dicho algo que me ha dolido. Estoy enfadado, dolido, quizás enfadado conmigo mismo por no saber llevar esas cosas con compasión, sentido del humor o sabiduría...

Primero, acepto la situación, es mi oportunidad de crecimiento, que lo quiera o no, es mi camino. Mi papel sistémico, mi compensación adulta, lo que de mí necesita mi Consciencia familiar es aprender a resolver estas situaciones.

Digo sí a la situación, sí al otro como es, honro al excluido al que está siguiendo.

Me expongo a mi emoción de dolor, incomprensión, soledad, abatimiento, rabia contra el otro y contra mí mismo. Me expongo sin dejarme arrastrar.

Honro al excluido al que estoy siguiendo con esta reacción ineficaz y dolorosa.

Dejo estar las emociones, las acojo, les digo sí. Acojo todas las tomas de consciencia que surjan.

Vuelve la calma, sé lo que conviene que haga y tengo toda la fuerza para hacerlo.

Descubro otra faceta del otro, de mí. Vivo unas emociones nuevas, siento apertura, liberación, crecimiento. A la vez que me veo más normal, más corriente, más abajo que antes.

Hay mayor comprensión, más humanidad y humildad en mí.

Este modo de vivir nos desapega de la dependencia emocional, nos purifica y nos abre al movimiento del espíritu.

Tomar lo opuesto en el corazón

¿Quieres experimentar la plenitud, la quietud de la energía?

Cuando estás viviendo una emoción, no te dejes acaparar por ella, tómala en tu corazón, pon un poco de distancia agradeciéndola y, desde esta distancia, exponte a ella, hasta que te venga la emoción opuesta, complementaria.

Exponte también a la segunda emoción, sin dejarte acaparar por ella, tómala en tu corazón, y siéntela.

Se va a producir una alquimia, una síntesis: tú en el centro de la energía, con plenitud y calma, con ambas emociones unidas y transfor-

---

[11] Si una de las emociones te atrapa demasiado, te remito al Anexo 2.

madas en una nueva comprensión más amplia, fuente de más fuerza y de más alegría profunda[11].
Estás realizando una experiencia mística. Esto es vivir el movimiento del espíritu.

El sistema de polaridad

Constelación anónima

Se disponen representantes para una persona desconocida (el campo mismo pondrá la identidad, no es ninguno de los presentes), dos ancestros de esta persona, el sistema familiar, el sistema de polaridad representado por dos personas y el movimiento del espíritu.

Para empezar solo estará de pie la persona y su sistema familiar. Los demás se irán levantando conforme lo sientan.

La presencia del sistema de polaridad introduce una fuerza superior a las representaciones habituales. La constelación se desarrollará en silencio con el mayor recogimiento posible.

Si es oportuno, lo sabrás chequeándolo, puedes hacer algún comentario en sustitución de una frase sanadora, pues aquí no tienes permiso para hacer hablar a nadie.

A posteriori, los representantes comentan lo esencial de lo que han vivido.

No se deja hacer comentarios a los asistentes.

Compensación arcaica o compensación adulta

Desde la concepción estamos marcados por nuestra herencia genética, energética y sistémica. Mientras somos niños, nuestra pertenencia a la consciencia familiar pasa necesariamente por la compensación arcaica de los desórdenes de los antepasados con los que estamos vinculados. Es nuestro destino. No hay escapatoria posible. Con el crecimiento, con el alejamiento de los padres, vamos poco a poco dejando el amor arcaico y la compensación arcaica por la compensación adulta de los vínculos que nos ha tocado vivir

---

La compensación arcaica y la compensación adulta

Constelación anónima.

En un clima de profundo recogimiento.
Cada uno de los asistentes va a recibir una información importante y estará en resonancia con la sanación producida.
Distribuyes los papeles siguientes: una persona desconocida; su Consciencia familiar; su compensación arcaica; su compensación adulta; un ancestro; la vida.
Dejas que se desarrolle esta constelación en silencio y con mucho recogimiento. Si es oportuno, lo sabrás chequeándolo, puedes hacer algún comentario en sustitución de una frase sanadora, pues aquí no tienes permiso para hacer hablar a nadie.
A posteriori, los representantes comentan muy brevemente lo que ha tenido sentido para ellos.
No se deja hacer comentarios a los asistentes.

Capítulo 8
Vivir los órdenes de la ayuda

Los órdenes de la ayuda profesional descritos por Hellinger son cinco[12].

1. **Los límites del dar y tomar**

— El profesional solo puede dar lo que tiene.
— El cliente solo debe esperar y tomar lo que realmente necesite.
El terapeuta sabrá centrar a su cliente para hacerle ver lo que realmente necesita. Sabrá ponerse al servicio del destino del cliente, no de deseos ilusorios.

Requiere humildad y fuerza. A menudo la tarea del constelador será solamente la de enseñar a ver lo que hay.

¿Tienes algo que dar...
Frente a la queja del cliente hacia su vida, a los reproches hacia la injusticia de la vida?
Frente a su miedo a la muerte, propia o de un ser cercano?
Frente a su fracaso profesional o económico?
Frente a su desagrado por ser como es?
¿Tienes algo que dar? La respuesta que has encontrado en tu

---

[12] *Los órdenes de la ayuda un libro didáctico,* Bert Hellinger, Alma Lepik Editorial, Buenos Aires, 2006.

vida, ¿tendrá una resonancia sanadora para el cliente? o, por el contrario, ¿tú vas a ser arrastrado por la resonancia de él?
¿El destino del cliente es más grande que el tuyo?
¿Tú has vivido lo suficiente para ofrecer una respuesta existencial de fuerza, para dejarte guiar por el espíritu en este tema?
¿Has tomado incondicionalmente a tu madre?
¿Respetas a la muerte?
¿Has conseguido el éxito en tu vida?
¿Dices sí a todo y a todos?

2. RESPETAR EL DESTINO

Las constelaciones familiares, como servicio a la vida, atienden dos objetivos: ayudar a la supervivencia y permitir el crecimiento.

Estos dos objetivos están condicionados por las circunstancias. Formamos parte y no nos podemos sustraer a la historia y a sus ciclos, a las leyes de la naturaleza, al paso del tiempo, a que todo cambie, a la muerte y a la compensación arcaica y a sus vínculos, a las leyes del psiquismo individual y a la responsabilidad individual. Estos son los límites que encontraremos a la hora de ayudar.

La ayuda que no respete estos límites va a ser infructuosa y frustrante. Tanto el ayudador como el ayudado van a ir perdiendo fuerza. El ayudado va a tener cada vez menos capacidad de adaptación a sus circunstancias.

Es la imagen de la relación entre padres e hijos la que nos impulsa a ayudar. Los padres buenos saben poner límites y exigencias en su educación, necesarios para la supervivencia del hijo y, posteriormente, necesarios para su crecimiento.

Respetar el Destino
Cuatro representantes: el consteladory su destino, el cliente (puede ser un cliente concreto o un cliente tipo) y su destino.

Se dejan guiar por el movimiento.

Si en siete u ocho minutos el constelador no ha conseguido honrar a su propio destino ni al de su cliente, deberá preguntarse por su contratransferencia. Será oportuno hacer un trabajo personal para respetar el Destino.

Este ejercicio no es para turnarse, es una especie de supervisión.

3. Relación de adulto a adulto

Si el cliente llega como un niño y el terapeuta acepta ayudarle, entonces, se establecerá inmediatamente una relación de dependencia[13]: el terapeuta va a sustituir a los padres, o a la pareja, del cliente.

Esto impide que el cliente resuelva nada con su propia familia, en su contexto real. Le impedirá tomar la realidad como es, de la misma manera que no le dejará despedirse de sus padres.

En toda terapia en la que ha existido una comunicación entre dos adultos, ambos, cliente y terapeuta, crecen; pero en esta el terapeuta no puede crecer, por el contrario, irá menguando en capacidad y seguridad.

En la fusión que resulta de esta relación terapéutica, habrá dos niveles:

— El nivel aparente: el terapeuta hace de padre o de madre del cliente, sintiéndose más responsable que el padre o la madre real.

— El nivel profundo: el cliente hace de padre o de madre del terapeuta y se va sintiendo responsable del terapeuta.

Hacer al cliente preguntas adultas como ¿qué quieres hacer?, o ¿a quién quieres?, le ayudan a salir de su Estado Niño y a entrar en el Estado Adulto.

---

[13] La relación de transferencia–contratransferencia. Ver «la relación terapéutica» en el Capítulo 4: «Estar en el último lugar».

El Análisis Transaccional nos dice que cuando estamos en el Estado Niño, entramos con muchísima facilidad en la manipulación. Solo hace falta que alguien nos dé donde nos duele, donde tengamos algo sin resolver y que, además, estemos desprevenidos, para que nos enganchemos a la manipulación.

¿Para qué? Para intentar otra vez solucionar algo desde el guion, desde la compensación arcaica y demostrarnos, una vez más, que lo nuestro es un amargo drama sin solución.

El triángulo de la manipulación de Karpman

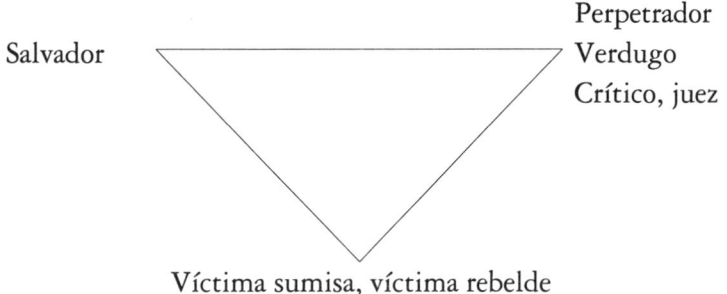

La solución está en «dos no juegan si uno no quiere», es decir, en hacer todo el esfuerzo posible para ponerse en el Estado Adulto. Es mucho más fácil dejarse arrastrar por el Estado Niño que estar en el Estado Adulto.

De adulto a adulto
Colocamos a los Estados del Yo del cliente frente a los Estados del Yo del constelador.
Dejamos actuar y observamos la relación.
Si el terapeuta se deja arrastrar por el cliente, le pediremos que él, el terapeuta, sienta detrás de sí a sus padres y tome en su corazón a los padres del cliente.
Inmediatamente, ambos se colocarán en su estado adulto.

Para descubrir la vulnerabilidad del terapeuta

Uno tras otro, los cuatro miembros del grupo harán los siguientes papeles: un cliente está sentado a la derecha de un constelador, frente a cada uno hay un representante de ellos mismos. O sea, el cliente sentado con su representante de pie frente a él y el constelador sentado con su representante de pie también frente a él.

El ejercicio se realiza totalmente en silencio, sin ninguna información verbal. La consigna es que el cliente se presente en una emoción de Niño, de manipulación, la que quiera (rabia, rencor, queja, seducción, etc.) y el constelador se tiene que mantener en su Adulto y procurar que este cliente alcance por resonancia el Adulto también.

La presencia de los representantes de cada uno da una información valiosa sobre la relación que se está estableciendo a un nivel inconsciente y permite al constelador ejercitar varias estrategias internas, hasta conseguir su objetivo.

Aquí es importante que el constelador haga de sí mismo y descubra en vivo su vulnerabilidad y su estrategia de centramiento.

Algunas veces el ejercicio se detendrá ante la imposibilidad del constelador de hacer frente a su cliente.

En estos ejercicios de formación, el campo ofrece siempre a cada uno lo más difícil, lo que más le va a enseñar, lo que mejor le va a permitir concienciarse, despertarse, desengañarse o fortalecerse.

La ayuda adulta
Cuatro personas

Un representante de la persona, su padre, su madre y su relación de ayuda.

La persona elige un representante para sí misma y elige uno de los otros tres papeles.

La hija se pone delante de sus progenitores, mirando hacia la vida; su relación de ayuda se pone a un lado.

> *A partir de entonces las personas realmente se dejan guiar por sus movimientos.*
>
> *Quizás haya que añadir un muerto, si alguien mira insistentemente al suelo —para ello, basta con poner un cojín— o un excluido, si alguien mira hacia la lejanía —en ese caso, la persona que se sienta menos implicada representará a ese excluido el tiempo que haga falta y después vuelve a su papel original.*

4. El cliente es miembro de un sistema

Nuestro propósito va a ser adquirir una mirada sistémica. Recuperar la mirada conectada de nuestros ancestros más lejanos. Todos los momentos de la vida y todos los escenarios van a ser buenos para realizar este entrenamiento.

Todo deseo, todo anhelo o sufrimiento es sistémico. Una enfermedad, una separación, un accidente, la elección de la profesión o el enamorarse es sistémico. Las guerras, los regímenes políticos, las religiones son sistémicas.

Cada ser humano está vinculado a su sistema familiar, a la historia, a la religión y a la política de su país, de sus ancestros. El individuo no es más que un eslabón en una gran cadena al servicio de la vida. Cada elemento, cada sistema familiar es pensado y querido como es, con su papel específico en la evolución. Cada individuo está donde tiene que estar, dentro de los límites que impone su intrincación; en esta vida «predeterminada» está su misión, su responsabilidad, su margen de maniobra para decir sí y decir gracias, para aportar más o menos amor, más o menos alegría y más o menos vida.

También entenderemos que toda solución es sistémica. La solución que busca el cliente solo existirá si es buena para todos. No hay solución que no sea en beneficio de todos.

Práctica de la mirada sistémica

Con los que te dan rabia: *di «en ti me encuentro a mí mismo, te dejo tu responsabilidad y honro tu destino, eres tan necesario como yo».*
Con los que te dan miedo: *siente a tus padres y a sus padres, honra a quien están siguiendo y a quien estás tú siguiendo. Di: «soy como tú».*
Así somos pensados y queridos por el espíritu.
Con los que te dan pena: *honra su destino, su sistema y su camino de purificación. Honra el antepasado al que están siguiendo. Toma su sufrimiento en tu corazón y hazte pequeño ante ellos.*
Son el espíritu en movimiento.
Con los excluidos y marginales: *los incluyo en mi corazón, honro su destino y honro al excluido a quien siguen.*

Somos sistémicos

Siete representantes: una persona anónima, el sistema familiar de su padre, el sistema familiar de su madre, la salud de la persona, la vida profesional de la persona, su vida familiar y el movimiento del espíritu.

Dejamos que se desarrolle en silencio hasta que el movimiento del espíritu decida que es suficiente, que ya se puede retirar.

Aquí lo interesante, al turnarse los papeles, es que todos los presentes puedan ser representantes tanto del sistema familiar como del movimiento del espíritu.

---

5. Estar al servicio de la reconciliación

Una constelación llega a buen termino cuando el vivo está con más fuerza, su síntoma ha desaparecido o cuando se produce una reconciliación.

La reconciliación se produce:

— Por una parte, gracias a la adhesión a «Sí, asiento a todo como es y a todos como son». Esta frase es el *leitmotiv*, el mantra de todos los presentes en las constelaciones y en particular del constelador. Este ha de tener en su corazón al excluido, al perpetrador, al que asusta al cliente o le hizo daño. El constelador reconcilia internamente el sistema del cliente, iniciando así el movimiento sanador de reconciliación.

— Por otra parte, gracias a la conexión del constelador y del representante del cliente con algo más grande.

Te quiero

Cada vez que alguien emite un juicio, cuando alguien ha hecho algo socialmente condenable, ponte a contracorriente: une en tu corazón al que juzga y al blanco de su crítica, toma al malhechor en tu corazón.

Frente a una gran injusticia, a un sufrimiento ocasionado por alguien a otros, conéctate a algo más grande, conéctate con el «sí, asiento a todo y a todos», hasta que algo se transforme dentro de ti. Mira al malhechor y dile «yo soy como tú», «te quiero».

La reconciliación gracias al cuerpo

Nuestros dolores corporales son somatizaciones de un rechazo, de una separación, de una exclusión.

Aprovecha estas oportunidades de dolor físico para reconciliarte con alguien que despreciaste o que fue rechazado por alguno de tus antepasados.

Chequeando tu relación de ayuda

Cuatro personas: un representante para ti y tres para tus clientes (tres permiten representar a un grupo). Si tienes que participar representarás a uno de tus clientes. Si no, observarás.

Se pone el representante del consteladaor frente a sus clientes y se les deja actuar.

Si en algún momento el constelador tiene dificultad para estar en su sitio, coloca mentalmente a sus padres detrás de él y a los padres de sus clientes detrás de cada uno de ellos.

La relación de «ayuda buena» se manifiesta de esta manera: los clientes y el constelador se miran a los ojos; el terapeuta está de pie, abierto e inmóvil, los clientes se mueven, se han acercado al terapeuta o se han marchado; hay, aproximadamente, de un metro a metro y medio entre el terapeuta y sus clientes.

Interpretación de algunos movimientos posibles:

— *El terapeuta es mucho más grande que sus clientes, estos pueden estar enfadados, pueden estar tumbados, de rodillas o marchándose: el terapeuta solo quiere dar, no permite que los clientes le devuelvan nada. Trabajo inútil.*

— *El constelador va hacia un cliente: el constelador es un niño necesitado, el cliente, si le deja, va a hacer de madre del constelador. Trabajo imposible.*

— *El espacio entre el constelador y un cliente es reducido: ambos han entrado en la esfera íntima del otro (cada uno tenemos un campo personal, el aura, que solo podemos compartir con íntimos). La relación terapéutica es la dueña de esta relación también. Trabajo imposible.*

— *El terapeuta es perseguido por un cliente: este quiere establecer a toda costa una relación terapéutica con su constelador. Si el terapeuta se mantiene en su sitio, el cliente se enfadará y será su oportunidad para crecer; si por el contrario, el terapeuta abraza al cliente, ya forman la «pareja perfecta» enfrascados en la transferencia —contratransferencia ad vitam aeternam; si el terapeuta huye o se sienta, es que él también está en su «niño», tan necesitado como el cliente y rivalizarán para saber cuál necesita más del otro.*

— *La solución a todas estas trampas: el constelador se conecta con sus padres y toma en su corazón a los padres del cliente.*

SEGUNDA PARTE
Constelar

La vida es un ensayo general con una sola oportunidad.
Cada constelación también.

Capítulo 9
Empezando

Recuerda que estás en el Sí a todo. Colocas a tus padres detrás de ti, sintonizas con las consciencias familiares de todos los del lugar: ciudad, provincia, país. Te pones al servicio de ellas, al servicio del movimiento del espíritu.

Quizás puedas honrar lo que pasó en el local, tomarlo en tu corazón.

Conforme la gente va llegando, sintonizas con sus destinos y con sus padres. Sintonizar aquí significa imaginarlos, decirte «sintonizo con» o percibirlos interiormente.

Puedes notar que algunas personas resuenan en ti más que otras. Observa lo que siente tu cuerpo, sanéalo conforme se produce[14] y acéptalo.

Al principio, el constelador tiene dos tareas: centrar a la gente y fraguar el grupo.

Puedes empezar ordenando sistémicamente a la gente: los que llevan más tiempo en tu terapia a la derecha de los que lleven menos. Simplemente, establece dos grandes zonas. El grupo inmediatamente cogerá fuerza, las personas se sentirán mejor y se involucrarán con menos resistencias al trabajo. Si, obviamente,

---

[14] Consulta el Capítulo 13, «Centrarse», ejercicio «chequeando el centrado».

una persona parece mucho más grande o más pequeña que las que la rodean es que no está en su sitio y se lo puedes comunicar.

Son unos minutos en los que tú has tomado el poder y cada uno de los presentes ha empezado a ver y a contactar con los demás.

Luego, vas a llevar al grupo al centro vacío. Tu recogimiento es fundamental, pues el grupo se va a ir armonizando contigo, es decir, lo vas a llevar a donde tú estés.

Puedes empezar con la respiración, yo suelo pedir una espiración larga y profunda.

A continuación, puedes seguir con una visualización, un comentario o un ejercicio.

Siempre que estés hablando controla el tiempo: a partir de 7 minutos seguidos, la gente se aburre y desconecta.

Si no hay sensación de grupo todavía (bienestar en tu estómago, te sientes centrado y cómodo), puedes pedir que cada uno se presente de un modo recogido y esencial, o que diga «para qué ha venido concretamente». Sea cual sea tu petición, la respuesta solo será de una o dos frases, nunca más.

Recuerdas a los presentes el requisito para estar aquí: «*sí, asiento a todo y a todos aun cuando no lo entienda*».

Nos transformamos en lo que rechazamos y en lo que tememos.

Al decir «No» a nuestra vida, a sus dificultades, a lo que nos pesa, nos atamos a ello, mientras que el «Sí» nos libera y permite el cambio. Es paradójico pero es así. Es la puerta a la sintonía con la consciencia del espíritu que da acceso al cambio, a otras posibilidades.

A menudo veremos que el solo hecho de asentir a un destino particularmente difícil produce el milagro.

Capítulo 10
Alguien se sienta a tu lado

ALGUIEN SE ACABA de sentar a tu lado.

No es una persona la que se ha sentado a tu lado, es todo un sistema, es una consciencia familiar.

Tómate todo el tiempo que necesitas para volver a centrarte, cada persona que llega nos desequilibra unos segundos: es por resonancia. Cuando ya te sientas en el Estado Adulto, en el centro, al servicio de la vida y de todos los sistemas presentes, al servicio del sistema del cliente y del movimiento del espíritu, te sintonizas con la persona, con su madre, con su padre, con su destino, con ella misma, y de nuevo te abres al movimiento del espíritu. (Aquí Hellinger no habla de ser canal sino de ser membrana, a través de la cual el espíritu puede vibrar.)

Al sintonizar vas a poder percibir informaciones sutiles e importantes:

Mientras te dices «sintonizo con o honro a su madre» notarás en qué medida la persona ha tomado o no a su madre por cómo se mueve tu cabeza o no hacia la izquierda y por lo que sientas en el hombro izquierda (independientemente de que la persona sea diestra o zurda). Sentir que la cabeza se inclina hacia la izquierda, o un ligero calorcito, te indica que sí ha tomado a su madre. Por el contrario, si tu cabeza se aleja de la izquierda te dice que la persona está alejada de su madre.

> *Cuando te sintonices con su padre, notarás lo mismo pero por el lado derecho, independientemente de que la persona sea diestra o zurda*[15]*. Sabrás en qué medida la persona ha tomado o no a su padre por cómo se mueve tu cabeza o no hacia la derecha y lo que sientas en el hombro derecho (por la zona de los trapecios).*
>
> *Al sintonizar con la persona, su destino o su sistema, podrás también percibir:*
> - *Si tu cabeza o mirada está atraída hacia el suelo, o sea, hacia un muerto que quizás sea oportuno identificar.*
> - *Si tu cabeza está atraída hacia atrás, hacia una intrincación grave, no será posible ni conveniente localizarla, pero sí sanarla.*
> - *Mucho calor, enfado, frialdad, picores en la garganta con ganas de toser, etc., te está indicando la emoción sistémica más importante de este sistema o del destino de esta persona.*
>
> *Todo está en resonancia con el cliente y su sistema. Recoge la información pero, al mismo tiempo, olvídala.*

Al acercarse el cliente, tus reacciones internas espontáneas te avisarán de la resonancia de vuestros dos inconscientes. Tu trabajo en esta etapa es llevarle al Adulto a través de la mutua sintonía. El que tiene la frecuencia más alta arrastra al otro.

Es posible que te hayas descolocado cuando el cliente se ha sentado a tu lado. Recuerda las señales sutiles que te lo indican y hazles caso. La resonancia entre ambos sistemas ha podido hacerte perder

---

[15] La representación de alguien no refleja nunca el cambio de lateralización, quiero decir que un representante siempre será diestro, aunque la persona sea zurda.

Entonces si tenemos dudas sobre la lateralización del cliente, utilizaremos a los representantes para poder interpretar con seguridad el significado de las sensaciones corporales.

En el caso presente, el cuerpo del constelador hace de representante, por lo que su derecha e izquierda reflejan la derecha e izquierda estándar, independientemente de que el cliente sea zurdo o diestro.

el centro. Con los ojos abiertos, te tomas tu tiempo para volver a centrarte, de lo contrario, es probable que el cliente tome el poder.

Sintonizas –con la intención– con el sistema de la persona y con el tuyo, y pones distancia entre ambos.

Si tus ojos miran mucho al suelo, si sientes algo en el pecho, dite: «dejo los muertos con los muertos». Sea lo que sea lo que sientas, lo acoges y pones distancia.

Dite internamente: «me abro al movimiento del espíritu».

«Asiento a todo, asiento a lo que haya ocurrido, tomo a todos en mi corazón, me pongo al servicio de la solución buena para todos».

Si no recuperas la calma y el centro, pregúntate si tienes permiso para constelar a esta persona.

Alguna vez podemos sentirnos con mucha fuerza, ¡cuidado!, puede no ser ni el centro ni el Adulto sino el ego o una resonancia con un perpetrador.

Luego, estableces el contacto visual con él. Le puedes preguntar ¿cómo te llamas?, para contactar y percibir si ya estáis en comunicación.

En este primer momento es importante que puedas sentir si estáis de igual a igual o no. Es la primera condición para poder trabajar juntos. Si te sientes más pequeño o más grande que él, le tendrás que decir «no debo trabajar contigo».

El cliente proyecta, transfiere, sobre el constelador su dificultad para con sus padres.

Al mirar al cliente, independientemente de su talla real, sientes si tus ojos miran a sus ojos o si miran por debajo o por encima de ellos.

Si te sientes por encima de él, pídele que cambie de lugar y se ponga a tu izquierda. Y que se coloque donde se sienta más fuerte, a tu izquierda o a tu derecha.

Si te sigues sintiendo más grande, honra a sus padres y pon distancia con el cliente. Ocupar el lugar de los padres es peligroso para el constelador.

Si te sientes más pequeño, refuérzate con tus padres. No puedes trabajar con alguien que se siente más grande que tú y se lo tendrás que decir.

Puedes sacar a un representante del destino del cliente y hacerle la pregunta: «¿tenemos permiso para trabajar juntos?».

Si el destino avanza o se inclina hacia ti, es que sí tenéis el permiso. Si el destino retrocede o se inclina hacia atrás es que no.

Puedes ayudarle a centrarse, acompasándole, tomando su postura y su respiración y diciéndole que se tome su tiempo. Sin forzar las cosas aunque con seguridad. Tú tienes el poder, eres el que se ha formado y el que sabe.

¿Cómo notas una resistencia?: brazos o piernas cruzadas, se queda con los ojos cerrados, habla sin mirarte, quiere hablar mucho, no consigue expresar lo que quiere trabajar...

Cuando la persona a tu lado ha cerrado los ojos...

A veces vas a sentir que la persona se ha conectado y está realizando un gran trabajo interno. El sistema no te necesita, no sabemos por qué y nos da igual.

Entonces tú vas a apoyar esta meditación, sin decir nada, acogiendo y honrando todo lo que vas sintiendo, sabiendo que cada síntoma que notes te pone frente a una persona, un ancestro de la consciencia familiar del cliente.

Permaneces en la misma apertura y disponibilidad que tienes durante una constelación, pero sin intervenir.

Al cabo de un tiempo, lo notarás, algo se ha resuelto y la persona abre los ojos.

Estando muy centrado sabrás cuál es el siguiente paso: despedir a la persona o hacer algo más.

Las resistencias son protecciones tanto del inconsciente familiar como del inconsciente individual. Restringen el campo de la experimentación individual, son medidas preparatorias para la buena acción. Son necesarias e inevitables. Nos indican el ritmo, los pasos que cada uno tiene que seguir. Quiero decir que no podemos ir directamente a la meta, como si las resistencias no existieran o fueran malas; tenemos que seguir los pasos que nos marca el inconsciente: cada paso, cada resistencia pone en juego un aspecto distinto de los órdenes del amor, cada una es una prueba que nos acerca a lo que el sistema espera de nosotros.

El constelador tomará las resistencias como una señal del sistema familiar. Indican que ni la persona ni nosotros tenemos el permiso de tocar a este sistema. La persona tiene algo que procesar antes de poder representar a su sistema: tiene que procesar esa misma resistencia.

A veces tendremos el permiso de constelar, pero solo dentro de unos límites: deberemos interrumpir la constelación en cuanto asome la resistencia que hemos advertido en el cliente en los primeros instantes.

A veces percibirás que como constelador no te sientes respetado, sentirás la arrogancia, juicio o exigencia del cliente. Entonces, tendrás que devolver a la persona a su sitio, diciéndole simplemente que tiene que centrarse más.

Otras veces hay manipulación, quejas, «pobre de mí». Ahí estará tu habilidad para descolocar a la persona, con firmeza y amor profundo, hasta que pueda estar en su adulto. Quizás te venga una frase como «*qué grandes son tus padres*», «*todos los padres son perfectos*», «*uno se transforma en lo que rechaza y en lo que teme*», «*el sí a todo es la condición previa a todo cambio*», o tal vez veas la necesidad de trabajar la relación con sus padres o de decirle que se siente hasta que se centre más.

¿Es prudente entrevistar a la persona antes?

Es irrelevante, pues al estar centrados estaremos guiados por el campo aunque no entendamos lo que esté pasando.

Solo cuando ha pasado algo grave, es bueno que el constelador lo sepa: asesinato, suicidio, etc.

Sin embargo, hay clientes que solicitan una entrevista previa a la constelación. Mi experiencia es que estas personas quieren establecer de antemano una relación terapéutica, o sea, de transferencia-contratransferencia, con el constelador y realmente en ese momento hay que ser muy firme. El constelador es el que establece las reglas del juego, no el cliente, es decir, solo le permitiremos que hable de hechos (número de hermanos, situación profesional y familiar, acontecimientos dramáticos del pasado.)

Lo que sí puedes hacer es informarle, lo veremos más adelante, de que existen distintos tipos de terapia, o trabajos, según el estado en el que se encuentre él y el nivel de madurez o crecimiento personal que tenga.

Esta entrevista no debe superar los diez minutos.

Capítulo 11
¿Cómo hacer la pregunta?

LA SERIEDAD DEBE PREVALECER. Solamente en este contexto la constelación tendrá eficacia.

La consigna es la siguiente: el cliente dice en una frase el tema que quiere trabajar. Algo concreto de lo que te puedas formar una imagen.

Necesitamos hechos:

— *Quiero trabajar y no encuentro trabajo.*
— *Gasto todo lo que gano.*
— *No consigo tener pareja.*
— *Me enfado con todo el mundo.*
— *El fracaso escolar de mi hijo.*
— *Tengo cáncer.*

En cuanto tú y el cliente hayáis sintonizado, es posible que te llegue la información de lo que tienes que hacer, y si no le preguntas qué quiere trabajar. La consigna es que te lo diga en una sola frase, muy concreta y personalizada. Y si tú necesitas más precisiones, le harás preguntas, eso sí, las menos posibles, pues puede ocurrir que la acumulación de información te pueda distraer, y por consiguiente, pierdas toda la energía y también porque, al dar mucha información, el cliente va a ir tomando el poder y tú vas a ir perdiendo la sintonía con el espíritu.

El que quiere hablar mucho o el que tarda mucho en hablar, en el fondo, no se quiere constelar.

Piensa siempre que el inconsciente, el campo o el sistema, te agradece la oportunidad que ofreces al cliente y te va a dar varias pistas de lo que más le apremia.

Pistas del inconsciente o del campo:
- *Pensamientos, imágenes que te vienen. De todos modos, sé prudente y chequéalas no vayan a resultar proyecciones tuyas, o sea, imágenes de tu propia contratransferencia.*
- *Tropiezos y lapsus del cliente.*
- *Todo lo que se sale de lo habitual.*
- *Las tres primeras palabras del cliente.*
- *Lo que dice con otro tono.*
- *Lo que dice uno de los representantes.*
- *Lo que ocurre entre los participantes.*

Toma la frase que expresa la necesidad de su consciencia familiar. Recálcale que tomas al pie de la letra lo que te diga. Si, por ejemplo, te dice «quiero ver tal cosa, o saber por qué tal otra cosa», desde tu centro sentirás si hay que reencuadrarle diciéndole «¿ver o cambiar tal cosa?», «¿saberlo o cambiarlo?» y si no hay que reencuadrarle, para lo único que tienes permiso es para hacerle ver o saber lo que hay.

Distintas casuísticas se pueden presentar:

- Una persona pide un consejo para saber cómo plantear su tema. Le ayudarás a centrar su necesidad pero te negarás a definir por ella su tema.
- Cuando alguien dice que está preocupado por no saber cómo hacer la frase, cómo resumir, como si dependiera de su frase que la constelación le salga bien o mal, le vas a recomendar

que se olvide de la frase, de la formulación. Que se centre en su vida, en sí mismo, hasta que, una vez en la silla, se entregue a lo que sienta, a lo que le venga.
- Algunos dicen no poder elegir entre dos temas. Les pides que se centren y que sientan si estos dos temas tienen que ir juntos. Mi experiencia es que es el inconsciente el que habla a través de la persona, y si la persona está centrada, hay que dar por buena la petición de trabajar los dos temas juntos. Descubrirás que se refuerzan mutuamente a pesar de la distancia que pueda haber entre los dos.

Por el contrario, si la persona no está centrada, no sabe elegir entre varios temas, hecho que subraya a menudo Hellinger, significa que la persona no está preparada, que no quiere trabajar.
- Si la persona habla de sentimientos y de reproches, haciéndose así pequeña, la reencuadramos con preguntas sobre los hechos: ¿qué pasó?, ¿quién murió?, ¿quién desapareció? Y el constelador toma en su corazón a la persona reprobada y se alía con ella: la madre violenta, el padre incestuoso, la madrastra cruel, etc. De este modo, la persona vuelve a crecer y a estar en la fuerza del adulto.

— *Mi padre nunca me ha querido...*
— *Tú ¿a quién quieres?, ¿qué ocurrió en la familia de tu padre?*
— *Quiero trabajar mi autoestima pues mi madre siempre me ha despreciado...*
— *Tú ¿para quién tienes estima?, ¿para tu madre, para tu padre?, ¿qué le ocurrió a tu madre cuando era pequeña?*
— *Me acosan, me deben dinero, me critican, me manipulan, etc.*
— *¿Cuál es tu papel en esto?, ¿quieres que veamos tu papel? Primero vamos a chequear tu participación en ello.*

Y será muy útil empezar con este chequeo: los acosadores, manipuladores, etc. frente al representante de la persona. Solo el tiempo necesario para ver lo que ocurre, sin sanar nada. Así sabrás si la persona es la acosadora, si tiene miedo, etc. Retiras a los «acosadores», realizas la constelación y, después, cuando el cliente esté sanado, reintroduces a los «acosadores» para un nuevo chequeo: el cliente observará que todo ha cambiado. Confirmando la regla «dos no juegan si uno no quiere».

La lista de temas

— *Quiero trabajar mi rama paterna. Luego, constelaré mi rama materna, mi familia actual y ya estará todo hecho.*
— *Ahora voy a trabajar el trabajo, otro día el amor, después el dinero, luego....*
— *No sé por dónde empezar, pues tengo una lista de temas para constelar...*

Estamos en sistémica, todo está unido. No se trata de ir al mecánico y buscar una reparación por cada fallo de nuestra vida. Así no funciona. No se trata de tener una lista de lo que no va.

Aquí el principio es el del efecto dominó, la vibración de la sanación se va a desplegar poco a poco y va a aumentar la resonancia con esta frecuencia, iniciándose un movimiento de sanación allí donde la vibración aumente. Por lo que se trata de plantear el tema central, recurrente o puntual, del hoy de la persona, el que incide en todos o en muchos aspectos de su vida.

Las transgresiones de los órdenes del amor se manifiestan por sus efectos. La vida de la persona es el mejor espejo de los desórdenes que su sistema necesita sanar. Sus fracasos, accidentes, olvidos o síntomas son los espejos retrovisores de las fidelidades e intrincaciones que se pueden trabajar en una constelación.

Por ello, la elección del tema necesita seriedad y centramiento y, por tanto, las listas no tienen sentido ni eficacia.

En cada momento de la vida hay un vínculo dominante, un desorden dominante. Y eso es lo que se trata de sentir.

Recordarás al cliente que hasta nuestra muerte habrá interferencias en nuestras vidas de los desórdenes sufridos por nuestros antepasados. Para esto estamos vivos, para hacer algo positivo con sus sufrimientos. Y cada fracaso o dolor es una llamada del sistema familiar para que miremos un poco más allá, hasta reconciliarnos con alguien y reincluir a un ancestro.

- Cada vez que se utiliza un término abstracto es para alejarse de la realidad concreta, de la responsabilidad. Entonces, estando muy centrado y en el debido respeto, el constelador sabrá si tiene permiso para reformular la petición abstracta (en una frase concreta, que se pueda visualizar) o si debe aceptar esta resistencia y trabajar así. La resistencia nos viene dada por el sistema, es un límite: desarrollarás la constelación hasta encontrar una resistencia y allí interrumpirás.
- El cliente pide constelar a/por su hermana, su padre, el hijo de unos amigos... Es un tema delicado, que exige sintonía y humildad.

Para una persona que se constela por primera vez o para un constelador novel la respuesta es NO[16].

Quiero constelar a mi madre

Petición frecuente. La respuesta es no.

Tú solo puedes honrar el destino de tu madre, cualquier otra cosa es una arrogancia. Ahora bien, puedes trabajar tu dificultad a aceptar la enfermedad, la soledad, el destino de tu madre...

---

[16] Salvo cuando se trata de los hijos propios, por supuesto. Los padres tienen el permiso —o el deber— de constelar las dificultades de sus hijos, pues los hijos ven a los excluidos que los padres no pueden ver.

El constelador tiene que recordar que no respetar el destino de alguien se paga. Lo pagarán todos: el cliente, el consteladory la persona constelada. Muchas enfermedades «raras» de los psicólogos, terapeutas y consteladores no son más que la consecuencia de la falta de respeto al destino...

Sin embargo, con las personas experimentadas, centradas, se puede confiar en que su petición viene de más allá de ella misma y que merece la pena ser chequeada.

Muy de vez en cuando se tiene el permiso para constelar por otra persona, especialmente para las personas que se están muriendo y para los niños. Por lo que merece la pena aceptar humildemente estas peticiones y chequearlas, preguntando al destino. En algunos casos es el movimiento del espíritu el que hace la petición...

¿Cómo preguntar al destino?

Eliges a alguien experimentado y centrado para representar al Destino, o al destino de la persona sobre la que se va a preguntar algo.

Le haces la pregunta: «¿tenemos permiso para constelar a esta persona ahora?».

El representante del destino tendrá un movimiento hacia delante para significar SÍ y un movimiento de retroceso para el NO. Simultáneamente, tú mismo habrás podido comprobar la respuesta en tu cuerpo (abriéndose o cerrándose).

La inmovilidad del destino suele significar que la pregunta está mal planteada, quizás haya que modificar el tema: en vez de preguntar: ¿es oportuno constelar la enfermedad de X?, la pregunta correcta sería: ¿tengo el permiso para constelar a esta persona con su muerte? O bien, en vez de pedir permiso para constelar la enfermedad de un niño, haya que pedir permiso para constelar a la familia de este niño. No hay regla, ya que en otra ocasión será justo lo contrario.

Un balanceo lateral del destino suele significar que hay que introducir a una persona colateral en el tema. Por ejemplo, en vez de preguntar si se puede constelar por una persona, haya que incluir a la pareja o hermana o padre de la persona en esa misma petición.

Con este ejercicio se aprende a ser exclusivamente fenomenológico y a estar en sintonía con el espíritu. No obedeces a ningún principio, no te dejas influenciar por la mala consciencia.

Y cuando no sea el caso, cuando no tengamos permiso para constelar a otra persona, será papel del constelador reflejar el deseo infantil de salvación que tiene el cliente.

Caso aparte merece la petición de otra persona que pide al cliente que constele por ella. A no ser que esa persona esté totalmente impedida, aislada o muy enferma, todo adulto hoy, si lo desea, puede encontrar a un constelador. El que pide a un amigo que constele por él no toma en serio este trabajo o se aprovecha del primer salvador que encuentra…

- A veces surge la pregunta: *¿se lo debo contar?,* tras constelar por un ausente. La respuesta es No.

Esta constelación es un regalo del espíritu. Solo has sido instrumento. ¿Los padres van diciendo a sus hijos lo que hacen por ellos? La ayuda buena es silenciosa.

Por el contrario, si la constelación implica a un hermano, pareja u otro familiar cercano que sabe de la constelación, solo el chequeo interno te dirá si es oportuno contar o no la constelación. En caso de que sea un sí, lo que la persona necesita es la película del desarrollo de la constelación, sin ninguna interpretación ni análisis.

Capítulo 12
El movimiento de los representantes
El representante dirigido por la fuerza de sanación

El tercer actor de la constelación es el representante. Su papel es tan importante como el del constelador. Importante por su calidad, por su sensibilidad y apertura a percepciones muy sutiles, más allá del ego. De él depende que, en primer lugar, llegue la información relevante para el sistema y el constelador y, en segundo lugar, que la fuerza de sanación pueda vibrar en el personaje representado.

Se recuerda a los representantes, al ser elegidos, que se relajen, centrados, vacíos, en actitud meditativa y que permanezcan así a lo largo de toda la constelación.

Previamente, en el círculo, se reitera la sintonía antes de empezar la constelación:

Haces una espiración larga y profunda, te recoges, acoges todo los que te viene.

Te sintonizas, con la intención, con la vida, con el sistema familiar de cada uno de los presentes, con el nuestro y con el del cliente.

Te conectas a esa frase: «Sí, asiento a todo».

Y a continuación te abres al movimiento del espíritu.

Al inicio de la constelación:

Sigue en estado meditativo. Déjate guiar por un movimiento muy lento. Cuanto más lento más sanador.

Tendrás la sensación de que algo te empuja, algo externo te arrastra. Déjate arrastrar.
Escucha tu cuerpo.
Haz lo que te piden las piernas.
Deja que tu cuerpo se mueva solo: que tus brazos, tus pies, tus ojos se muevan solos.
Puedes ir donde sea, sin utilizar las sillas, ni obligar a otro.
¿Dónde quieren ir tus piernas?
Nota si estás impulsado a sentarte, tumbarte, estar de pie...

Siempre es importante recordar la cualidad inherente a los distintos tipos de movimiento de los representantes.

El representante tiene dos tipos de movimiento, correspondientes a dos niveles de información:

1. El nivel del psicodrama

Son movimientos y gestos impulsados desde dentro de la persona, por sus emociones o intenciones; son los movimientos de la vida cotidiana, andar, coger a alguien del brazo, pelear, correr; gana de hablar, de llorar, de gritar.

El representante, al no saber nada del cliente, recibe información del campo de un modo inconsciente: tiene acceso a lo que le ocurrió a la persona representada, percibe lo que esa persona vivió conscientemente, revive sus emociones secundarias y manipulaciones, revive el trauma que haya habido.

Con este movimiento e información superficial, hay poca sanación.

En el mejor de los casos, esta actuación trae información, a menudo inútil cuando no perjudicial pues el dramatismo que conlleva distrae de lo esencial, tiende a hacer brotar sentimientos a favor de unos y en contra de otros, bloquea la llegada del movimiento de reconciliación o de sanación. En el peor de los casos, el representante actúa como en un psicodrama, desde las emociones y la manipulación del personaje. Lo que puede hacer derivar la constelación hacia lo que no es, con consecuencias nefastas para el cliente.

A la mínima duda, el constelador chequea o se pone en lugar del representante para averiguar lo que debería estar manifestando. Pues no es fácil detectar si el representante está manipulando, cosa que es relativamente frecuente con los representantes nuevos.

Por el contrario, se ve bien cuando un representante se proyecta en el personaje que representa: no está centrado y sus manifestaciones son incongruentes con respeto a la constelación.

2. El nivel del estado meditativo

El movimiento es extremadamente lento. El cuerpo es arrastrado por una fuerza externa. No se suelen percibir intenciones. Las emociones que se pueden sentir son primarias, muy profundas, inexplicables, el cuerpo las expresa en silencio.

Aquí la información recibida es la de los desórdenes sistémicos, de las intrincaciones y de la sanación. En efecto, a través de este movimiento centrado, el movimiento del espíritu se apodera del representante y lo lleva hacia una solución de más amor y más vida. Por lo que cuanto más lento es el movimiento del representante más sanador será.

Esta receptividad al movimiento del espíritu a través de un movimiento centrado depende del recogimiento del constelador y del representante. Aquí la experiencia en constelaciones y el desarrollo personal del representante es capital.

Para evitar confusión o manipulación en la constelación, lo mejor es que sea el constelador el que elija a los representantes. Y en cuanto percibe una representación superficial, desde su sintonía con el movimiento del espíritu, el constelador cambia al representante por otro.

Parece que la energía del campo tiene dos criterios para seleccionar un representante eficaz, a parte de su capacidad de interiorización: elige a una persona que haya resuelto el mismo asunto y todavía esté en la energía del cambio, o bien, elige a alguien que necesite resolver este mismo asunto o uno muy similar.

Ser representante es un gran regalo. Cuanto más entregado se esté al papel que le haya tocado, más resonancia, información y sanación podrá recibir el representante y su sistema. Por el contrario, el representante que proyecta su vida en la constelación no recibirá nada sino confusión y rechazo.

Capítulo 13
El primer paso

UNA VEZ QUE TIENES EL TEMA: «quiero mejorar la relación con...», «quiero aprobar las oposiciones», «me duele mucho la rodilla derecha», etc; te recoges para saber lo que vas a hacer.

De nuevo, el centramiento, la sintonía con la vida, con la solución buena para todos, con el movimiento del espíritu, hasta que te llegue cómo y con quién dar el primer paso. Chequéate, haz lo que te dice el sí interno o la fuerza interna.

Tómate todo tu tiempo para estar seguro de dejarte guiar por el espíritu.

Al estar en sintonía, vas a recibir la información de cómo dar el primer paso. Y te volverás a sintonizar para el segundo y así sucesivamente. De este modo, la información puede ser, en un momento dado, que todos se vuelvan a sentar y que tú reinicies la constelación sobre otra base. Todo es posible.

El cliente, o tú, saca a los representantes. ¿El cliente sale también? Es más seguro que el cliente no salga (es muy difícil ser totalmente neutro al hacer de sí mismo y toda intervención personal del cliente invalidaría la constelación), es mejor que se exponga a todos los movimientos desde la silla y desde luego el resultado es el mismo, ya que incluso no hace falta estar presente para que la constelación actúe, como lo vemos con los familiares representados y ausentes.

En caso de que falten representantes, el cliente representará a otra persona, no a sí mismo, preferentemente a alguien con quien tenga un antagonismo especial y así recibirá información adicional sobre esta persona que le hará cambiar radicalmente respeto a ella.

¿Hay que colocar a los representantes? En las constelaciones «clásicas» sí, era un paso importante. En las constelaciones del espíritu no, ni siquiera hace falta tocarles. ¿Para qué te sirve conocer la imagen interna del cliente?

Si has sido representante en constelaciones del espíritu, o sea, muy centrado en actitud meditativa, habrás experimentado cómo te desagradó que un cliente te moviera. Lo habrás sentido como una arrogancia, sobre todo como un freno al movimiento que ya estaba iniciándose bajo la influencia del campo, un freno a la dinámica profunda constituida de los movimientos de la consciencia y los movimientos del espíritu.

¿Cómo se explica entonces la información que llega a los representantes? No lo sé. No me preocupa. Llega. Y a posteriori se suele comprobar su exactitud. Dentro de unos años, cuando los nuevos conocimientos físicos expliquen la constitución de los «campos mórficos» y de la transmisión de la información; se sabrá. Actualmente, podemos observar que todas las innovaciones terapéuticas fueron empíricas y unos años más tarde la ciencia aportaba la justificación experimental y racional de esas intuiciones prácticas. Así está pasando también con el fenómeno de las constelaciones.

Una vez sacados los representantes, el constelador se proyecta en el observador fenomenológico, con la mirada periférica al servicio del movimiento del espíritu. Forma parte del campo creado y, a ratos, necesitará poner distancia (internamente). En otros momentos se proyectará en uno de los representantes para saber lo que siente.

La mirada periférica: tienes la sensación de tener los ojos en la parte posterior de la caja craneal, se te entrecierran los párpados, tu vista choca con los parpados superiores y se orienta hacia abajo. Te da la sensación de percibir todo a la vez, sin ver los detalles, incluso tienes la sensación de ver lo que hay detrás de ti, como hacen los insectos. Con esta mirada, abarcas al cliente sin que se sienta observado, a la vez que ves todo lo que ocurre en el campo y en el grupo.

Deja ahora que el campo se exprese, que las dinámicas surjan. Para ello, los primeros minutos son los de la composición del escenario básico: colocar a los muertos, al excluido, a los que el campo indique. Al mínimo posible. Siempre en respuesta a una señal del campo: una mirada, un gesto, un desplazamiento.

Todos los gestos, miradas y movimientos son significativos. El campo en todo momento nos indica dónde falta alguien.

La mirada en el suelo indica que falta un muerto y que el que lo mira lo está siguiendo en la muerte.

La mirada en un punto a cincuenta centímetros del suelo suele indicar la presencia de un aborto.

La mirada extraviada puede indicar no querer mirar a una víctima o a un hecho demasiado doloroso, o bien, que la persona esté atraída por un excluido (que habrá que colocar).

La mirada nos indica dónde hay algo pendiente, con quién, o a quién tiene que mirar el cliente y no lo hace. La mirada de un síntoma o de una enfermedad nos indica lo prioritario en ese momento y también que hacia donde esté mirando hay alguien.

Cuando el representante del cliente se va hacia el pasado y permanece quieto, ya sea tumbado, sentado o de pie es que está reemplazando a alguien que habrá que representarlo para liberarlo. A menudo, mientras la persona no se retire significa que hay que colocar a un olvidado más. Todo en sintonía. Despacio.

Los dedos [17] de los representantes nos indican a quién falta poner, a la vez que la relación entre el que falta y el representante.

Un representante une el pulgar y el corazón de la mano derecha: falta la pareja anterior de sus padres (o de otra generación) y ese representante tiene un vínculo con esa pareja anterior.

Si es el pulgar y el índice de la mano izquierda: tiene algo pendiente con su padre o su madre y uno de ellos tiene que ser representado.

¿Quién puede hablar, decir una frase?

En principio solo el representante del cliente. Solo puedes hacer hablar a los demás representantes si tienes el permiso de la Consciencia Familiar para hacerlo, chequeándolo internamente. De lo contrario, se trataría de una arrogancia por parte del constelador y lo pagaría después de un modo u otro.

---

[17] Consulta el Anexo 4: «El movimiento de los dedos».

Capítulo 14
Los órdenes del amor en la constelación

EN ESTE CAPÍTULO, te voy a dar indicaciones para reconocer la trasgresión de los órdenes del amor. Solo son indicaciones pues las vivencias humanas son únicas y cada constelación es una creación.

Se reconocen los órdenes del amor por sus efectos. Son a menudo difíciles de descifrar. Y los entendemos de modo opuesto según si los vivimos desde la consciencia individual o desde la consciencia del espíritu.

Compensación, homeóstasis, integración de lo opuesto o reconciliación

La necesidad de compensación más frecuente que vemos en constelaciones es la siguiente: después de una gran desgracia se necesita que los supervivientes no se abandonen al dolor o a la desesperación sino que sigan viviendo, compensando la desgracia con su entrega a la vida, haciéndose responsables de sus vidas, responsables de sus éxitos y fracasos.

- Cuando no se compensa una desgracia con su propio éxito, con su propia alegría de vivir, la persona vive fracasos y sufrimientos para ser desgraciada como el ancestro que murió trágicamente o como sus allegados que no pudieron asumir la tragedia.

Las dinámicas ocultas son: *«llevo tu carga»*, *«te sigo»*, *«mejor yo»*.

- La manifestación física de la intrincación, del vínculo con una gran desgracia no llorada, no integrada por el clan familiar, se localiza alrededor del corazón: presión, dolor, somatización en el pecho, en el diafragma.

Las alergias también son fidelidades arcaicas a una gran desgracia, a una separación o muerte trágica. El síntoma es la somatización de la emoción que se quedó bloqueada en el antepasado: ojos llorosos del duelo imposible, picor de garganta del silencio avergonzado, rojeces de la piel de la vergüenza de la situación... El desencadenante (polen, metal no precioso, pelo de gatos, etc.), como en las fobias, es un elemento que el campo grabó (metafóricamente o con hiperrealismo) junto con el hecho trágico y que el descendiente vinculado con este hecho recibe en sus genes junto con la emoción bloqueada.

- La frase sanadora puede ser *«tomo tu dolor en mi corazón»*, *«honro tu dolor»*.
- La compensación adulta, la decisión adulta de vivir a fondo su propia vida, para equilibrar las desgracias permite la entrada del éxito en la vida de la persona. Experimentará la plenitud.

Pertenencia

- Cuando una persona está vinculada a un excluido, o cuando no respeta el derecho a la pertenencia de los demás, esta persona siente o vive la exclusión, la enfermedad, la culpa, la soledad, las dificultades y los fracasos de todo tipo. Cada vez que en el sistema alguien rechaza a otro, lo desprecia, le niega la dignidad –a veces por poderosas razones morales o ideológicas–, el sistema que no entiende de bien y de mal y que solo vela por la integridad del grupo, obligando a sus miembros a respetarse todos los unos a los otros independientemente de sus responsabilidades, busca la reincorporación o reconciliación del clan con este excluido a través de síntomas en los descendientes que reflejen el motivo de la exclusión, dando así una nueva oportunidad de crecimiento a los descendientes.

Observa que la mayoría de nuestras dificultades (obstáculos, incapacidad, fracasos escolares, enfermedades o síntomas, rasgos de carácter que rechazamos, etc.) representan a un excluido.

La dinámica oculta es:
— A un excluido: *«te sigo en la exclusión»*.
— A un excluyente: *«yo como tú»*.

Aquí puede ser muy eficaz recurrir a los mandatos parentales del Análisis Transaccional. En efecto, la decisión precoz de pertenencia, tomada en los primeros meses de vida, es una fidelidad a un excluido que incumbía a los padres. El hijo dice a su madre o a su padre: *«por amor a ti llevo en tu lugar la fidelidad al excluido»*.

- Cómo nos habla el campo de pertenencia o exclusión:

Mirar a la periferia del círculo es estar mirando a un excluido.

Irse a la periferia, salirse del campo suele significar ir a la exclusión, ir junto a un excluido.

Por el contrario, la pertenencia se manifiesta a través de gestos que entrelazan vínculos: entrecruzar los dedos, poner un pie o una mano entre los pies de alguien, agarrarse a la pierna o al pie de alguien.

Algunas somatizaciones típicas de pertenencia son los quistes en los ovarios y los miomas que representan a bebés o fetos excluidos de generaciones anteriores, que piden el regreso a un vientre materno.

La fiebre es otra manifestación del vínculo de pertenencia: es el calor de la culpa por hacerse autónomo, por haber crecido a través de la enfermedad. Es la fidelidad a la culpa ancestral del que, al hacerse mayor, se aleja del grupo de origen.

- La frase sanadora será: *«te pertenezco», «eres uno de los nuestros», «tomo tu exclusión en mi corazón».*

- Salir de la exclusión permite vivir seguridad, valentía, salud, fuerza, libertad, amplitud y crecimiento.

ORDEN

- Cuando la persona no respeta el orden, la persona siente desconfianza, desprecio hacia los demás y hacia sí misma. Vive en la arrogancia, se atribuye un lugar o una función que no le corresponde y la consciencia familiar le hará vivir todo tipo de castigos, en forma de fracasos y accidentes.

Lo más normal es que no consiga realizarse a nivel familiar porque si ya es madre de su abuelo desde que nació, pongamos por caso, ¿cómo va a ser madre de otros hijos? No tiene disponibilidad sistémica...

Las dinámicas ocultas son: «Te reemplazo», «yo soy tú».

La persona mayor, antepasada, no respetada por los más jóvenes o por los menores, no se entrega, no tiene amor hacia quien no la respeta. A esta persona la solemos llamar egoísta.

Pero en cuanto el más joven respeta al más antiguo, el amor empieza a fluir desde el más antiguo hacia el más joven, el egoísmo del más mayor desaparece y el río del amor puede seguir su curso.

- El desorden se manifiesta por movimientos tales como el movimiento pendular del cuerpo (hacia delante y hacia atrás significa que está reemplazando a un mayor; si es hacia los lados, que está reemplazando a alguien de su propia generación), como no poder detenerse en un sitio, ir hacia atrás, estar de puntillas o sentir un malestar o dolor en el estómago.

También se observa el desorden cuando un hijo se coloca en la zona derecha de sus progenitores o detrás de ellos, en la zona de los ancestros; cuando una esposa se pone a la derecha de su esposo, o cuando un hermano más joven está a la derecha de uno más mayor.

Igualmente, en los abrazos se puede observar el desorden. Cuando los hijos ponen la cabeza en el hombro derecho de cualquiera de sus progenitores se sienten su igual pero cuando los esposos posan la cabeza en el hombro izquierdo del otro[18], están en una relación de dependencia, no de igualdad.

A nivel somático, el cáncer es con frecuencia el precio a pagar por no querer respetar a la madre.

También se puede ver que la persona que no es respetada y que no consigue amar a los pequeños o a los nuevos, tiene una actitud característica: cruza las manos, con los brazos caídos hacia delante.

La sanación le vendrá del más pequeño: cuando este honre al mayor, el mayor abrirá las manos y los brazos y por fin lo podrá abrazar.

- La frase sanadora podrá ser «*sí*», «*te honro*», «*tu eres el grande, yo soy el pequeño*», «*tú eres el padre, yo soy el hijo y solo el hijo*». Si tenemos permiso podremos cambiar también el orden físico.

---

[18] En efecto, el hombro izquierdo es el de la filiación, de la relación entre generaciones distintas, mientras que el hombro derecho es el de los pares, de los iguales. Winnicott documentaba ya en sus escritos la seguridad y bienestar de los bebés cogidos por el brazo izquierdo de la madre, o echados encima del hombro izquierdo.

- El respetar el orden permite que en la vida de la persona entre la paz, la confianza, el sentirse útil y querida, el asentimiento, la humildad, la fuerza, la lealtad, la salud y la realización familiar.

Y la persona a la que se le había usurpado el lugar puede vivir el amor y la generosidad.

Dar y recibir

Equilibrar el dar y el recibir amor

- Cuando no se equilibra el dar y el recibir amor, la persona vive lo siguiente:

— Si no devuelve, tiene deudas, culpa, no quiere recibir. La dinámica oculta es: *«no quiero dar las gracias»*, *«exijo más (u otra cosa)»*, *«no quiero crecer»*...

— Si no quiere recibir o tomar, siente resentimiento, soledad, se siente no amada y no sabe amar. La dinámica es *«soy más que tú»* o *«no quiero deberte nada»*.

- ¿Cómo se manifiesta un desequilibrio en el dar y el recibir?

Se da y se recibe gracias a las manos. Todo lo que tiene que ver con las manos nos habla del hacer, dar y recibir. Los brazos conducen a las manos.

El brazo izquierdo tiene que ver con la relación filial, de padres a hijos (del hombro a la mano) o de hijos a padres (de la mano al hombro).

El brazo derecho nos habla del hacer, dar y recibir con el entorno actual.

Las sensaciones pueden ser de dolor, calor, peso, entumecimiento, parálisis, o frío en manos o brazos.

Muchos dolores itinerantes por el cuerpo representan también un no querer agradecer ni devolver o un no querer tomar.

LOS ÓRDENES DEL AMOR EN LA CONSTELACIÓN

Encontramos también a menudo esta postura: brazos hacia atrás, manos cruzadas detrás. Son las manos del que no sabe tomar, del que no recibió, del que fue abandonado o sufrió una separación precoz. Manos que no se atreven a pedir ni saben dar. Es frecuente encontrar esto en una pareja. Suele llevar a la separación, pues esta persona está buscando a una madre, no a una pareja...

- Los términos sanadores son, sencillamente, «*por favor*», «*gracias*».

- El equilibrar el dar y recibir amor nos hace vivir el amor, la generosidad, la plenitud, la alegría, la libertad, la humildad y el agradecimiento.

Equilibrar el hacer o el recibir un daño

- Cuando no hay equilibrio entre hacer y recibir daño, la persona está o en la venganza o en la expiación.

Las dinámicas ocultas suceden tanto en el sistema familiar de la víctima como en la del perpetrador:

— Con el perpetrador, «*mato como tú*», o bien «*pago por ti*», «*expío por ti*».

— Con la víctima, «*soy una víctima como tú*», o bien «*te vengo, mato por ti*».

- Las manifestaciones físicas de la intrincación con un daño no equilibrado son las siguientes:

El perpetrador se siente bien, más grande que los demás; se siente superior –en su derecho o en su deber– y muy contento de sí mismo, indiferente a lo que pasa. Puede estar rígido, sentir rigidez en espalda, brazos y manos (la rigidez señala la presencia de la energía asesina).

Poco a poco surge el calor de la culpa y del dolor.

La víctima está en la venganza (puños cerrados) o en la expiación de un ancestro (presión, dolor en el vientre, de rodillas con la cabeza entre las manos).

Un vínculo de venganza o expiación es la mayor causa de las somatizaciones y enfermedades:

— Las intolerancias alimenticias suelen estar vinculadas con violencia, vejaciones, tortura o abusos sexuales. Son fidelidades tanto a un perpetrador como a una víctima.

— La fibromialgia es una fidelidad de expiación a un grupo de personas. Cada síntoma o cada localización del dolor representa a un ancestro.

— Las enfermedades autoinmunes (el reúma, la artrosis...) están ligadas a la venganza (me agredo para no agredir).

— En la esclerosis múltiple hay un «rechazo al amor», «*me mato para no matar*».

- Las frases sanadoras van en esa dirección:

El perpetrador necesita que alguien le diga, sin ningún juicio, «*te quiero*». Previamente el perpetrador tiene que haber reconocido su crimen. Le pueden ayudar estas frases: «*empiezo a darme cuenta del daño que hice*», «*yo lo hice*», «*asumo las consecuencias de mis actos*».

Después, el cliente puede decir: «*yo como tú*», «*llevo tu culpa*», «*expío por ti*», «*tomo tu venganza o tu energía asesina en mi corazón*».

A la víctima: «*soy una víctima como tú*», «*te vengo*», «*te sigo en la expiación*», «*honro tu expiación, la tomo en mi corazón*».

- La reconciliación entre perpetrador y víctima aporta humildad, comprensión y alegría.

El que asume las consecuencias de sus actos y pensamientos se vuelve humilde, comprensivo y muy fuerte. El que deja la expiación conoce por fin la alegría de vivir.

La resonancia de esta reconciliación es la fuente de la mayor fuerza de vida y de sanación. Es la mismísima vibración del amor del espíritu.

Capítulo 15
Sobre las frases

ESAS FRASES SIRVEN para que emerja o se libere la dinámica real subyacente. Son frases simples, estereotipadas, trabajadas, que condensan las principales emociones contenidas en una situación.

Deben ser dichas con voz neutra, sin intervención de la emoción, sin dramatización. De este modo sueltan más profundamente los bloqueos y creencias negativas.

Normalmente, se dicen una sola vez. El silencio posterior permite que ambos hemisferios las impriman más profundamente.

En algunos casos, la repetición o el tono enérgico pueden interrumpir una dependencia o energetizar al cliente.

Al principio es útil manejarse con esas frases ya hechas; son frases que pertenecen al campo de la sanación y su energía es potente.

Con la experiencia te irás dando cuenta de que son más eficaces las frases únicas, creadas exclusivamente para esta situación. Son las justas, las adecuadas, las que surgen de la sintonía de la situación, aunque el constelador no las entienda [19].

Cuanto menos hables, mejor. El hecho de hablar dispersa la energía que el representante está recibiendo.

---

[19] Consulta el artículo de Bert Hellinger «La Constelación del Espíritu en una frase», traducido en www.insconsfa.com.

Las frases se dicen en presente.

El objetivo de las frases es doble, dan luz sobre una de las dos caras de la dinámica profunda:

- O hace que la persona asuma la emoción «negativa», lo que le permitirá acceder a la experiencia de Amor. Por tanto, la frase desvelará el bloqueo de la emoción «negativa», no asumida, no reconocida, mostrando lo que pasó en términos de amor herido y emociones primarias.
  Incluso con decir solo lo que está oculto, como «llevo tu culpa», «quiero matarte», se desplegará la solución.
- O da luz sobre el paso sanador, ayudando a pasar del amor infantil, prepotente, mágico, arrogante, causa de nuestros sufrimientos y de los de las generaciones futuras, al amor del espíritu, que acepta la realidad tal y como es, respetando los órdenes del amor.

Recuerda que las terapias emocionales actuales han dejado de utilizar la catarsis como instrumento de liberación ante la evidencia de la retraumatización que provocaban estas técnicas [20]. Y por otra parte, se sabe hoy [21] que el pensamiento crea la emoción. La liberación emocional se consigue enunciando con voz neutra la creencia o pensamiento subyacente.

La buena frase «expresa» lo que «muestra» el síntoma, revelando lo oculto y, al hacerlo, suelta las barreras de contención de la energía.

---

[20] Véase las investigaciones y terapias desarrolladas por Kurt Lewin, *Terapia de los campos mentales* de Callahan, *Toques mágicos* de Fred Gallo o www.emofree.com de Gary Craig.

[21] Consulte, por ejemplo, *Desarrolla tu cerebro* de Joe Dispenza.

Capítulo 16
Desarrollo de la constelación

No HAY ESQUEMA. Cada constelación es una creación tuya; no, de ti no; del movimiento del espíritu a través de ti.

Procedes por pasos. Te olvidas de lo que sabes, en el sentido de que la constelación no es una construcción mental. Hellinger ha explicado en varios artículos la diferencia entre las constelaciones fenomenológicas y el constructivismo. Puede que tengas una cierta idea de una estrategia al iniciar la constelación; tienes que olvidar esta estrategia pues te impediría ser receptiva al campo o a las señales del movimiento del espíritu.

Simultáneamente, te entregas a lo que el sistema del cliente necesita a través de su petición y aceptas la solución buena para todos. Asientes a la vida actual del cliente como es y te entregas a la búsqueda del excluido, del movimiento sanador, sabiendo que esto puede incluir la renuncia a cumplir con el deseo del cliente, particularmente en los momentos en los que la constelación parece bloqueada.

Las informaciones previas, por muy valiosas que sean, también se olvidan. El movimiento del espíritu se encargará de recordarte lo necesario en los momentos oportunos.

De vez en cuando recibirás la sensación, incluso tendrás la seguridad, de que este paso se ha terminado, aunque no lo parezca.

Tu calidad como constelador, la eficacia de la constelación, reside en la fidelidad a estas informaciones.

A veces se tratará solamente de poner algo en marcha. Algo que llevará a una reconciliación o a una sanación posterior sin que este resultado se evidencie en la constelación.

Pero otras veces, sabrás, por intuición y chequeo, que hay que plantear de otra manera la constelación. Mandarás a todos que se sienten. Una vez sentados, vuelves a chequear o sentir quiénes tienen que salir. Por el solo hecho de interrumpir, verás que se ha producido una integración del paso anterior, más allá de lo que podías imaginar y el nuevo paso te ofrece información nueva y relevante para acercarte a la solución.

Por eso mismo, la interrupción es una intervención potente que dinamiza el proceso. Permite sanar aspectos dispares y a veces alejados unos de otros, todos influyentes para la solución, que van convergiendo en espiral hacia el desorden actual del cliente.

¿Qué tipo de constelación hay que utilizar?

Lo sentirás al iniciar la constelación: familiar, multidimensional, de polaridad, con la fuerza del espíritu... y después de empezar, es posible que también te llegue la necesidad de cambiar de planteamiento.

Lo esencial, una y otra vez, es estar centrado, sintonizado, abierto al movimiento del espíritu, y siendo observador fenomenológico. Aquí te remito a lo escrito por Bert Hellinger [22].

---

[22] Especialmente en *El amor del espíritu, Los Órdenes de la ayuda, El Intercambio. Didáctica de constelaciones familiares* y *El manantial no tiene que preguntar por el camino*.

Consultar también en www.insconsfa.com, pestaña «Artículos»: «La constelación del espíritu en una frase», «Jornada de formación, la benevolencia, Neuchâtel, 2005», «La ayuda buena, Madrid, 2003», «Empatía sistémica y falsa compasión, Palma de Mallorca, 2002», «La actitud fenomenológica del terapeuta, 2001».

Si uno se siente perdido –y ocurre a menudo– si te has quedado bloqueado, con la mente en blanco, es que habrás perdido tu centro, probablemente por resonancia con lo que se está desarrollando.

Tienes varias opciones:
- *Mandar a los representantes que se sienten hasta que te recuperes, aceptando renunciar salvar al cliente, asintiendo al sistema del cliente como es, a lo que se está mostrando y está bloqueando aquí y ahora, al destino de la persona tal como se ve ahora, asintiendo a que no sabes cuál es la solución mejor para todos. Retomas solo si tienes el permiso, lo sabes chequeándote...*
- *Terminar la constelación con un «no debo seguir».*
- *Abrirte incondicionalmente al movimiento del espíritu, dejándote guiar, acatando lo que salga, actuando como representante del movimiento del espíritu. En ese momento te vas a sentir como representante de ti mismo, o del movimiento del espíritu. Presta mucha atención a las pequeñas señales, a dónde van tus ojos, tu mano, qué palabra te viene a la mente...*
- *Nombra a alguien como representante del movimiento del espíritu. Lo dejas actuar, puede que te indique lo que tienes que hacer, con su mirada, sus gestos, o que se encargue en solitario de la constelación. El movimiento del espíritu se mueve muy lentamente. Habla con los ojos.*

Por ejemplo, si mira alternativamente a dos personas, una y otra vez, es que hay algo pendiente entre la dos.

Otro ejemplo, el movimiento del espíritu se tumba o mira al suelo: te está diciendo que falta un muerto.

Otras veces el movimiento del espíritu lo hace todo solo. Si estás seguro del representante y de su ritmo, entonces es maravilloso.

En otros casos, el representante del movimiento del espíritu no toma parte, se aburre, se sienta. Pregúntate si representa a un excluido olvidado por ti o si, sencillamente, te dice que el planteamiento es erróneo, que hay que parar y volver a iniciar la constelación desde otro enfoque.

En cuanto el movimiento del espíritu deja de mirar a alguien, tú también. Aun cuando estés tentado de «acabar» algo o decir más frases. Déjalo y verás cómo algo se va a ir resolviendo solo, algo que te sorprenderá, mientras tú estás trabajando en otra cosa, siguiendo las indicaciones del movimiento del espíritu.

En alguna ocasión, el movimiento del espíritu se queda parado frente a una o varias personas esperando algo. Esperando tu intervención. Y tú no entiendes, sigues bloqueado. En ese caso debes admitir que eres demasiado pequeño para esta constelación, que tu contratransferencia te ha atrapado.

Sigue fielmente la mirada y el movimiento del representante del espíritu. Verás cómo este recurso te enseña a constelar con mayor eficacia y economía. Descubre así la fuerza del gesto esencial, el que pone de nuevo la vida en marcha asumiendo, al fin, que solo estás requerido para esto.

Introducir el movimiento del espíritu en una constelación es una solución muy eficaz siempre que el representante esté muy centrado y el constelador sea coherente con lo que muestre o pida el movimiento del espíritu.

¿Es bueno introducir al cliente en algún momento en la constelación?

No es necesario, no añade nada a la fuerza de la constelación, por el contrario, solo puede quitarle fuerza si este no está completamente abandonado a lo que está ocurriendo.

Capítulo 17
Cuándo interrumpir

INTERRUMPIR PARA SEGUIR MEJOR. Como te he comentado anteriormente, la interrupción es beneficiosa cuando la constelación pierde fuerza, cuando un paso se ha estancado o cuando el constelador quiere recibir más información. El chequeo interno te guiará.

Interrumpir para cerrar

En uno de sus talleres comentaba Hellinger que existen dos tipos de cierre:

- El que da sensación de cierre, al llegar a un desenlace hermoso, a la foto final feliz...
- El que deja todo abierto y se produce después del inicio de un movimiento poderoso de sanación, creando la sensación de «algo esencial se ha puesto en marcha», aunque algún representante poco experimentado afirme «se ha quedado algo sin cerrar».

Recordemos que la vida es pura energía, puro movimiento. La idea de que una constelación acaba o se cierra es una ilusión.

La imagen final es una de las posibilidades existentes, real mientras la vemos, segundos después ya es reemplazada por otra, por el inicio de algo distinto; el movimiento de la vida no se detiene, ni en una imagen bonita... Por consiguiente, la imagen final no representa ningún final, ninguna meta; solo representa un paso dentro de un movimiento, hacia más vida, más presencia, más acción, más amor.

Por ello, la atención del constelador está en el desarrollo de los movimientos de sanación, atento al nacimiento de la fuerza. Y se tratará de interrumpir la constelación cuando se haya puesto en marcha el movimiento de sanación, en su fase ascendente, mientras la fuerza va en aumento.

En este momento, la escucha interna es imprescindible para actuar desde la percepción fenomenológica y no por protocolo.

A veces estarás guiado hacia la imagen final feliz y todo el grupo participará de esta alegría, como si de una consecución propia se tratara. Recuérdalo, no hay solución buena que no sea buena para todos, por lo que estos cierres serán un regalo colectivo.

Otras veces, interrumpirás al iniciarse un movimiento de sanación, o justo al acabar un paso, o en cuanto se presente una resistencia en el representante del cliente, o en el cliente mismo. Y sentirás entonces cuánta fuerza se ha concentrado en el cliente —y en el grupo— gracias a esta interrupción.

Capítulo 18
Ronda final

AL FINAL DEL TALLER es bueno disponer de un tiempo para una última ronda. Esta ronda tiene varias utilidades:

- Chequear cómo se va cada uno de los que han estado presentes y, en caso de necesidad, tener una última intervención con algunos.
- Propiciar el recogimiento, el sentido de grupo, a la vez que la oportunidad de despedirse de los demás, compartiendo o agradeciendo algo.
- En algunas ocasiones, en caso de grupos muy cohesionados, la ronda final sirve para sentir otro paso más que permita que cada uno se marche con un último contacto personalizado con el espíritu.

El sentido de la ronda es el de la energía centrípeta (hacia dentro), o sea, en el sentido de las agujas del reloj, en el del agua saliendo por un desagüe (en el hemisferio norte).

La petición del constelador puede ser:

«Ahora me gustaría que cada uno me dijera con una palabra cómo se va, cómo se siente en su cuerpo. Y también puede hacer una última pregunta o comentar una toma de consciencia o lo que quiera dar al grupo».

Durante todo el taller, el constelador debe tener presente que todas sus intervenciones son terapéuticas y van a ser sentidas como tal por la persona a la que se dirigen. De vez en cuando, la mejor respuesta será el silencio.

Saber si contestar o no, qué contestar, qué decir y qué callar es un largo aprendizaje. El constelador tiene que estar centrado, percibir su chequeo interno, permanecer en sintonía, aun cuando el cliente lance una pregunta cómoda (son las peores trampas), banalice, invite a una charla «profesional» o a tomarse un poco de relax.

Tengo que recordar, una y otra vez, que una parte del cliente se opone al cambio, si bien la otra quiere cambiar a pesar de todo lo que tenga que soltar. Y la parte que se opone al cambio busca todos los subterfugios para anular el trabajo: preguntas técnicas, comparaciones, críticas, banalización, complicidad con el terapeuta, etc. Además es perspicaz y tenaz. Su cometido es mantener el statu quo, ser fiel al campo mórfico en pro de la supervivencia del clan tal cual es. No quiere saber nada de creatividad ni de crecimiento... y no quiere perder el control.

Aquí tienes ejemplos:

> *Juegos de manipulación típicos y modos eficaces de responder:*
> *Pregunta: ¿Por qué el representante ha dicho o hecho tal cosa?*
> *Respuesta posible: Desmontar una terapia la anula.*
>
> *Pregunta: ¿Por qué le has mandado hacer tal cosa, o has interrumpido en tal momento?*
> *Respuesta posible: ¿Por qué te interesas tú en la forma y no en el fondo?*
>
> *Comentario: No he entendido nada de mi constelación, creo que te habré dicho mal el tema...*
> *Respuesta posible: La constelación está fuera de tu alcance. No depende de ti ni de tu comprensión.*

Pregunta: ¿Me puedes explicar lo que ha pasado en mi constelación? No me acuerdo de nada.
Respuesta posible: Tu inconsciente es muy sabio. / O yo tampoco he entendido nada.
Pregunta: ¿Por qué has interrumpido en ese momento?, no me has dejado oportunidad.
Respuesta posible: Es más serio de lo que crees.
Otra posibilidad: No responder.
Comentario: ¡Qué corta ha sido mi constelación!, me ha defraudado.
Sin respuesta. (Recuerda que la gestión de la frustración y de la propia ira es de lo más saludable, es lo que probablemente va a aportar la mayor fuerza sanadora al cliente.)

Distintos modos de sentirse al final de un taller, para los clientes:

- Haber alcanzado una metaemoción de paz, de agradecimiento, de alegría, etc.
- Sentirse con una sensación desagradable. No vas a saber si este malestar es residual de una representación o pertenece al proceso de evolución, del soltar de la persona misma. En principio, una sensación desagradable es una palabra del campo para decirnos que faltó un paso en algún momento. Y tendrás varias maneras de resolverlo.

Una persona: estoy revuelta, estoy mal, estoy triste, estoy confusa, etcétera.
El constelador chequeará si hay que hacer algo:
- *En caso de «no hay que hacer nada», también chequea si hay que decir algo. Si es «no», se atiene rigurosamente al no decir nada. Quizás dentro de unos días, la persona se lo agradezca.*
- *En caso de «sí, hay que decir algo», lo dirás preferentemente al grupo no a ella (el inconsciente de la persona recogerá del campo*

la información como beneficiosa para ella, mientras que si tú se la dices directamente, se la impones, su inconsciente se siente justificado para rechazarte), con una metáfora, una historieta, o un comentario como:

...Todos los pasos de la constelación se van a vivir en vuestra vida cotidiana, y muy probablemente ya ha empezado el proceso para muchos de vosotros.

...El cambio se efectúa siempre en una zona de incomodidad. La rutina es lo más cómodo que hay.

...La confusión es el primer paso hacia el cambio.

...La tristeza es la energía de una puerta que se cierra.

O una frase sanadora.

- *En caso de «sí, hay que hacer algo», el constelador sentirá cuál de los dos ejercicios se requiere:*

1. Tras saber en qué parte de su cuerpo hay una sensación desagradable, pedirá a la persona que cierre los ojos y que imagine a una persona delante de ella, o a toda su consciencia familiar. Cuando el constelador perciba una frase[23], aunque no la entienda, se la dirá con voz neutra y esperará hasta percibir un movimiento (respiración profunda, tragar...) y entonces se dirigirá a la persona siguiente. Más adelante, le preguntará a la persona: «y ahora ¿cómo te vas?».

2. Tras saber en qué parte de su cuerpo hay una sensación desagradable, preguntará al grupo si alguien más siente lo mismo. Suele haber otra u otras personas con el mismo síntoma y suelen ser representantes de una de las constelaciones anteriores. Se ponen de pie estas dos o tres personas y, ayudada por el significado de la sensación corporal (Anexo 2)

---

[23] Puesta en práctica de lo que Hellinger llama «Constelación del espíritu en una frase». Consulte el capítulo 14. «Sobre las fases».

y por la sintonía con el movimiento del espíritu, encontrarás la frase liberadora.

Si no hay nadie que sienta lo mismo, el constelador elegirá a otras dos personas que representarán a esa persona y a alguien más —en ese momento te vendrá la intuición de quiénes tienen que ser. El constelador se centrará hasta que le venga la frase que una de las dos tiene que decir. Al centrarse, se expone a la sensación desagradable, sintoniza con ella, sintoniza con la situación, con la relación, con lo que el sistema aún necesita que se libere entre estos dos representantes.

Te remito al Anexo 2 sobre las frases sanadoras relativas a las sensaciones corporales.

- *Si el constelador no ha conseguido aliviar la sensación desagradable:*

1. Explicará al grupo, para que la persona no se sienta directamente presionada, que una sensación así es una señal de que la consciencia familiar tiene algo que resolver por mediación tuya. Es bueno que la persona acepte esta sensación y mire en su dirección, asiente a ella y tarde o temprano habrá una liberación, una toma de consciencia.

2. Si la persona decide no quedarse con esta sensación, entonces el constelador y la persona se ponen frente a frente. El constelador está en su «punto cero», en su centro, en el «Sí, asiento a todo». Tiene las manos tendidas hacia el cliente, palmas hacia arriba y le da la consigna:

— *Pon tus manos encima de las mías, diciendo en voz alta «te lo dejo».*

— *Pon tus manos en tu pecho, diciendo con voz fuerte «soy fulano de tal».*

— *Repite la secuencia varias veces con energía y respeto, hasta que te encuentres mejor.*

Mientras el constelador recibe la carga de la persona, la va tomando en su corazón.

Al final, es suficiente con que el movimiento de retirada de la sensación se haya iniciado. La desaparición total tardará poco.

- Una persona escapa de su sentir planteando una generalización, una racionalización o una creencia. Se siente por encima del grupo y del constelador y lo quiere mostrar. Intenta capitalizar el taller para sí y desacreditar al constelador:

    «*Bueno, todo eso ya lo sabía: en el libro X... Fulano de tal explica que...*».

    «*Entonces esto es la teoría de la cocreación..., la teoría de...*».

    Respuesta posible: «*todo es posible. Aquí solo observamos*». «*No hablo de teorías, solo de observaciones*».

    Al grupo: «*al racionalizar, ha perdido su fuerza*».

- La persona añade un comentario íntimo, compartiendo una toma de consciencia o una emoción personal.

    Escucha centrada del constelador en sintonía con la persona. Sin comentarios.

Terminada la ronda, o justo antes de hacerla, es posible sentir la oportunidad de un ejercicio de cierre suplementario. Hace falta disponer de un cuarto de hora.

El contexto del taller nos dirá cómo disponer este ejercicio. Pongo un ejemplo:

> *Honrar el «Sí a todo».*
>
> *El constelador elige a un representante del «Sí a todo».*
>
> *La consigna para todos es: el «Sí a todo» se pone al fondo y cada uno de nosotros irá sintiendo lo que quiere hacer. El pasado está detrás del Sí, la vida y el futuro están frente al Sí, al otro extremo de la sala. Cada uno hará lo que sienta, verá si se quiere levantar, adónde quiere ir, en silencio y de modo muy recogido. Cuando lo sienta, volverá a su silla, en silencio.*

Puedes representar a la madre, al padre, a la Consciencia Familiar, al «Sí, asiento a todo», a «Gracias a todo y a todos», a la fuerza de sanación, al movimiento del espíritu, a la Vida, a la crisis, etc. La sintonía con el desarrollo del taller nos dirá cuál puede ser este último movimiento de crecimiento en común.

Capítulo 19
Dinámica interna del taller

TODAS LAS VIVENCIAS DE LA VIDA [24] siguen la misma curva de contacto:
- Momento cero: la necesidad de esta experiencia no existe todavía, no necesitamos desplegar ninguna estrategia de acercamiento al entorno (el entorno puede ser una o varias personas, una situación, un lugar...), no necesitamos energía.
- Precontacto: la necesidad de esta experiencia está emergiendo en mí, a la vez que va a ir aumentando mi energía disponible. Paralelamente a mi intención, voy a seguir una serie de estrategias de reconocimiento y protección antes de entregarme, si es que me entrego.
- Contacto pleno: estoy al máximo de mi energía en comunión con el entorno, en comunicación íntima con el otro (persona, libro, objeto, situación). En este contacto pleno se está realizando algo creativo, nuevo y adaptado al aquí y ahora de ambas partes.
- Poscontacto: nos retiramos cada uno de la experiencia, la energía disminuye. Se produce la asimilación de lo ocurrido e integramos esta última experiencia a todo nuestro bagaje vital. Esta es la etapa del crecimiento.

---

[24] Llamar a alguien, ir a comprar algo, tomar café con una amiga, participar en un taller, etc.

Cada uno tiene unas fijaciones u otras que le hacen vivir la curva de contacto de un modo particular. Unos tardan muchísimo en entrar en contacto, perdiéndose muchas ocasiones de comunicación y creatividad; algunos no tienen precontacto y son avasalladores, y en cambio otros se niegan a tener un período de poscontacto viviendo cada momento de la vida como si fuera un nuevo nacimiento, sin memoria ni pasado, sin crecimiento a sus espaldas. Todos hemos sido moldeados por la vida, con un equilibrio personal adaptado a nuestras circunstancias y es bueno tenerlo en cuenta, pues ese mismo esquema estará siempre presente.

Durante el precontacto, experimentaremos sucesivamente vergüenza de tener esta nueva necesidad de experiencia; juicio y crítica sobre la situación, sobre el grupo, o sobre el otro; enfado y sentimiento de poder; culpa y bloqueo. Nos hemos especializado cada uno en una o dos de estas «resistencias» de modo que ya no percibimos las demás. Son estrategias de acercamiento muy útiles que nos dirán si es oportuno o no ir hasta el contacto pleno. Cuando estas estrategias se transforman en resistencia, la energía enfocada hacia la experiencia desaparece de golpe, estamos presos de una transferencia, fieles a un ancestro. Esta fidelidad arcaica nos aleja del amor, de la energía y de la creatividad.

Tanto los clientes como el constelador, todos vamos a procesar la curva de contacto con el taller, con el grupo.

Según seas, sentirás más o menos miedo, rigidez o nerviosismo antes de empezar el taller. Te darás cuenta de que tu patrón es más o menos siempre el mismo: las horas o días anteriores al taller, el primer acercamiento al grupo, primera noche quizás; luego, llega el contacto pleno con el grupo, te sientes en sintonía, fuerte, creativo.

Por una parte, existe tu propia curva de contacto, tu propia adaptación; por otra las proyecciones o transferencias:
- El grupo en un primer momento es percibido como la madre arcaica y peligrosa, en la que uno se puede fundir o desaparecer, o por la que puede ser rechazado, excluido. Es por

lo que las personas que no han tomado a su madre prefieren empezar con una constelación individual. De ahí también el sentimiento de los primeros momentos de vergüenza o miedo a ser juzgado.
- Los presentes proyectan sus necesidades y frustraciones respecto a sus padres sobre la figura del constelador, mientras el grupo no alcanza el contacto pleno.
- Pero cuando el grupo ya se ha iniciado, suele haber también transferencia de los miembros del grupo entre sí, proyectando inconscientemente sus primeras rivalidades con hermanos u otros iguales sobre los compañeros del grupo. Por lo que ordenar bien el grupo disminuye considerablemente estas tensiones.

Con el tiempo, el contacto con los talleres se va facilitando pero la curva sigue presente. De lo contrario sería mala señal, significaría que hemos entrado en la rutina...

Capítulo 20
Después de constelar, para el constelador

La resonancia con los movimientos de sanación de las distintas constelaciones crea un efecto particular al terminar un taller: el constelador siente ensanchamiento; misión cumplida: disfruta de una metaemoción de paz, de alegría profunda, de gratitud, de libertad, de conformidad y asentimiento. Y permanece unas horas en estado modificado de consciencia.

Es el momento del recogimiento, de recoger todo al centro, sin analizar, entregado al espíritu, entregado a la asimilación, integración y agradecimiento. Es un proceso de relajación, de apertura, de dejarse sentir y guiar. Son unas horas de descanso, de cierre, de poscontacto, de sedimentación subconsciente de lo vivido en el taller.

Puede que te vuelva a la mente algún movimiento o alguna persona de las constelaciones. Lo dejas todo en manos del destino, diciendo sí y honrando a los destinos más duros, confiando en el amor del espíritu. Asintiendo a lo que se ha hecho y a los límites que uno ha tenido, poniéndose de nuevo al servicio. Recogiendo estas imágenes y sensaciones desde el sí, para no interferir en el desarrollo de sus movimientos.

También te puede ocurrir, sobre todo al principio, que te sientas con malestar, enfado, angustia, o que te hayas quedado con algunas sensaciones desagradables: peso en los hombros, calor o frío en alguna parte del cuerpo, dolor de cabeza, etc. Todas esas sensaciones suelen pasar pronto.

Son señales de algo que no se cerró bien, de un paso que faltó por dar o de que la resonancia de una constelación ha despertado algo personal que pide ser visto como tal. Será la ocasión de un trabajo interior y de una imprescindible supervisión.

Estas sensaciones te señalan que en algún momento nos ha ocurrido algunas de estas situaciones:

— No has respetado el destino de alguien.
— No has respetado al cliente, a uno de sus padres o a algún ancestro.
— No has respetado a los padres de los participantes, por ejemplo, haciendo de madre con ellos por un exceso de liderazgo o de explicaciones.
— Has cerrado antes de tiempo, olvidando una señal del campo o bien has dejado algo mal cerrado, terminando en un movimiento de incremento de dolor, de ira, en vez de en un movimiento ascendente de reconciliación o de paz.
— O, por el contrario, un representante mostró resistencia y quisiste vencer esta resistencia.
— Has tomado partido por uno de los representantes.
— Un representante ha tomado el poder, ha dirigido la constelación y te ha dado miedo interrumpirle.
— En una palabra, no estabas sintonizado con el movimiento del espíritu.

¿Qué puedes hacer?
— Darte cuenta.
— Admitir que estás en aprendizaje permanente y agradecer esta nueva ocasión de aprender.
— Asumir las consecuencias de lo que has hecho mal: en algunos casos el movimiento sanador suplirá nuestra deficien-

cia y en otros la persona empeorará. Asumiendo también que esto ya forma parte del destino.
— Reparar: honrar a quien no has respetado y esforzarte para sintonizar más. Sabiendo que nunca serás perfecto, siempre seguirás aprendiendo a partir de la experiencia y de los errores propios, para poder seguir siendo creativo y humilde.

El interés de la supervisión es el poder chequear dónde y cuándo ha fallado la sintonía y el respeto. Si uno tiene unos medios para hacerlo: chequeo interno, péndulo o kinesiología, por ejemplo, entonces disfruta de un regalo que le permitirá crecer mucho. Y aunque no tenga ningún síntoma aparente al final de un taller, es prudente testar si el espíritu te quiere dar alguna advertencia o consejo. Y tendrá sorpresas porque normalmente no te das cuenta de lo que haces mal.

Casi siempre, una constelación será la supervisión más eficaz y recomendable de la dificultad advertida por el chequeo que acabo de mencionar.

Es posible hacer una aproximación con objetos, con solo dos representantes para empezar: el cliente y el constelador. De este modo, podrá aparecer la transferencia y contratransferencia; que aunque no se les ponga nombre, se sanan al hacerse visibles.

En caso de que el constelador no pueda sanarlas, deberá recurrir a una constelación en grupo.

Constelar es un regalo del que se toma la medida al acabarse el taller. Este hecho, este regalo de poder servir de soporte al movimiento del espíritu es una vivencia única que irás profundizando conforme vayas soltando y creciendo.

Capítulo 21
Entre constelación y constelación

Es muy útil orientar a los clientes sobre el período entre constelación y constelación. La mayoría de ellos quiere comprender más y seguir liberándose. Saben que no volverán a constelarse en bastante tiempo y mientras tanto necesitan un apoyo «del espíritu».

Requieren de una estructura que proponga las distintas posibilidades:
- Asistencia regular a talleres para ir entendiendo y asimilando la filosofía de las constelaciones. Lo recomendable son sesiones breves, de 3 o 4 horas semanales o quincenales. Que la persona que lo necesite pueda, cuando quiera, reencontrar la energía de las constelaciones, haciendo de representante o simplemente asistiendo. Estas sesiones sirven tanto para reforzar la propia constelación, como para descubrir y sanar nuevos aspectos. Permiten volver a conectarse con el movimiento del espíritu, con el asentimiento, con la paz, la fuerza y el bienestar que conlleva.
- Apoyo puntual con psicoterapia breve para ayudar a soltar un beneficio segundario o liberar una emoción especialmente dolorosa. Es muy recomendable que no sea el mismo constelador el que haga de terapeuta, si no se va a convertir

en la Madre Salvadora del cliente...

La solución está en nosotros, sin embargo, a veces, puntualmente, necesitamos una luz o una comprensión de la que carecemos.

La constelación no resuelve las dificultades que uno tiene para soltar el pasado, el rencor o los juegos psicológicos. Nos libera del influjo de los antepasados, nos pone en la fuerza, limpia lo anterior a nosotros. Pero en cuanto a nuestra vida, si queremos ayuda para estar más en el estado adulto, tendremos que recurrir a las terapias individuales, son muchas y algunas muy eficaces.

- Apoyo psicoterapéutico más largo, ya que puede darse el caso de un trauma grave o de una familia de origen desestructurada que pueden requerir la reconstrucción de la personalidad, necesitaran un largo proceso en el que las constelaciones son uno de los recursos de apoyo.

Recordaremos que los cambios profundos requieren tiempo. Las tradiciones místicas hablan de períodos de dos años, para la transformación en profundidad del ser. Sin embargo, cuando estemos frente a un guión «de muerte» [25] tendremos que esperar más años, quizás hasta cuatro o cinco, antes de ver que esa persona se orienta hacia la vida tras un trabajo serio y perseverante de constelaciones, terapias individuales y crecimiento interior.

- ¿Qué tiempo recomendar entre constelación y constelación? No te voy a dar ninguna respuesta, con lo que has aprendido hasta ahora podrás testar, para cada cliente que te lo pregunte, el tiempo necesario que tiene que dejar pasar antes de constelarse de nuevo. Lo único que puedo comentar es que conforme más se trabaje una persona, más se constele, más breve será el tiempo de espera.
- ¿Puede volver a constelarse sobre un mismo tema? La respuesta es la misma: irás chequeando si es oportuno

---

[25] Guión harmático, según el Análisis Transaccional.

trabajar otra faceta del mismo tema, si se da el caso. Aquí hay que tener en cuenta la seriedad y experiencia de la persona: si la persona está centrada, si no parece estar en el «pensamiento mágico», y si entiende que las constelaciones requieren tiempo, tomarás en cuenta su petición. La mayoría de los síntomas, accidentes y tropiezos son llamadas de atención del movimiento del espíritu para que hagamos algo distinto, casi siempre son llamadas a constelar, y casi siempre, dando vueltas a la misma tuerca de un tema vital y complejo.

Se trata, pues, de ofrecer una estructura trampolín hacia más vida, más fuerza, más alegría. Una estructura con las distintas especializaciones que las personas requieren hoy, basada en la libertad del cliente, creativa y ligera.

¡ADELANTE!

SÉ FENOMENOLÓGICO, sé creativo, sigue tu criterio interior. En el fenómeno está el espíritu, está la fuerza.

La consciencia del espíritu es subversiva, la subversión del amor a todo y a todos, de la existencia como es.

¡Gracias a todos nuestros antepasados por lo que vivieron! Ojalá les ayudemos a encontrar la paz y así devolverles algo de todo lo que superaron y padecieron para que la vida llegue hasta nosotros.

Veo a los que nos siguen, que los órdenes del amor les ilumine.

Querido lector, ser constelador es un trabajo exigente de una profundísima belleza, que nos hace cada día más conscientes y más vivos. ¡Que disfrutes por aportar más alegría y más vida a la existencia!

Madrid, agosto de 2009
Brigitte Champetier de Ribes
Directora del Instituto de Constelaciones Familiares
www.insconsfa.com
bchampetier@insconsfa.com

ANEXO I
Los estados del Yo[26]

ERIC BERNE, el fundador del Análisis Transaccional, crea los conceptos metodológicos y fenomenológicos de los «Estados del Yo» que permiten tener una visión estructural de la personalidad, eficiente, sanadora y totalmente abarcadora.

Hellinger se refiere a menudo a ello. Cuando habla de la fuerza, de estar en la fuerza, de chequear si uno tiene más o menos fuerza, se refiere al Estado Adulto, a la fuerza inherente del Estado Adulto.

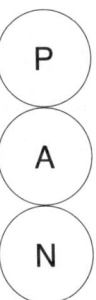

---

[26] Consultar *AT hoy: una nueva introducción al análisis Transaccional* de Stewart, Ed. CCS, 2007 y *El Análisis Transaccional integrado* de Kertesz, Ippem Editorial, 2003.

Cuando uno actúa, siente o piensa movido inconscientemente por el recuerdo de una grabación antigua, que recibió de una persona de su infancia; está en su Estado del Yo Padre; está en un comportamiento prestado, vinculado a la buena consciencia.

Cuando uno actúa, siente o piensa de acuerdo con el aquí y ahora, externo e interno, está en su Estado del Yo Adulto. Está en la fuerza, la acción, la creación, la comunicación.

Cuando uno actúa, siente o piensa movido por el recuerdo inconsciente de una grabación antigua, que recibió de una sensación interna, emoción o sensación, está en su Estado del Yo Niño, está en un comportamiento arcaico, vinculado al victimismo.

El comportamiento del Estado Padre se manifiesta así:

Tiene incorporado la grabación de la cultura, la moral y los prejuicios. Es fiel a la transmisión de generación en generación, de normas y principios indiscutibles y automatizados. Apoya sus aseveraciones con estos juicios «*está mal..., es de mala educación...*», y con órdenes como «*esto no se hace, esto se hace así, no mires, no pidas, piensa como yo...*».

Utiliza también las grabaciones respecto de los sentimientos y la manera de expresarlos de los padres, de los abuelos, etc.: «*la tristeza no es digna, no se piden las cosas, etc.*».

Se dirige a los demás desde la obligación «*hay que, debes, tienes que*».

Algunas manifestaciones concretas son: ayudar a alguien con problemas. Dar consejos. Juzgar, descalificar. Dar órdenes. Comunicar o enseñar creencias personales. Dar prioridad a sus creencias con respecto a sus compromisos con la gente.

El comportamiento del Estado Adulto se muestra así:

Está en el aquí y ahora, orientado hacia el futuro, con el pasado integrado.

No tiene principios religiosos, solo una ética individual.

Actúa de modo eficaz en función de sus propios objetivos, sabe negociar y adaptarse a los intereses colectivos.

Vive las emociones «primarias»; las que se corresponden con el momento presente. Vive la intimidad.

Se dirige a los demás por «*conviene, quiero, voy a*».

Algunas manifestaciones concretas son: respiración profunda, realismo, escuchar, negociar, participar, realizar, reflexionar antes de actuar, compromiso y responsabilidad. Es eficaz, sociable y creativo. Sin creencias, sin religión. Tiene sentido del humor.

El comportamiento del Estado Niño se manifiesta así:

Tiene obligaciones a las que hay que someterse por miedo o por seducción, sobre la base inconsciente de recuerdos de sumisión o de rebeldía.

Vive el amor arcaico desde las intrincaciones y todos los desórdenes del amor, con las somatizaciones y sufrimientos consiguientes.

Está atado a su guión de vida con gran cortejo de manipulaciones y emociones secundarias.

Revive una y otra vez todas las emociones y conflictos de la infancia. Está bloqueado por los traumas no resueltos.

Se dirige a los demás por «*me gusta, me da la gana, tengo que, no puedo...*».

Sus conductas típicas pueden ser: llegar cantando al trabajo, tener miedo de hablar ante un público, comerse las uñas, tener ganas de comer un dulce cuando uno está a régimen, enfadarse ante una contrariedad, necesitar gurús o padres espirituales...

ANEXO 2
Culminar e integrar una emoción
Desbloquear, liberar la creencia asociada

1.º Para empezar vas a rebajar la intensidad de la emoción mirando la imagen que acompaña a esta emoción e imaginando que echas un cubo de pintura gris sobre esa imagen e inmediatamente la alejas de ti.

2.º Sintiendo lo que queda de esta emoción, te vas a dar palmadas sobre los muslos, alternativamente a izquierda y a derecha, al ritmo aproximado de dos palmadas por segundo.

Las palmadas deben ser firmes, sin llegar a hacer daño.

Vas a hacer varias respiraciones profundas, quizás se produzca algún que otro bostezo.

Y al cabo de un minuto, o cuando te apetezca, te detienes.

Siéntete, obsérvate, pregúntate dónde está la emoción ahora y en qué se ha transformado. Te vendrán imágenes nuevas, recuerdos y pensamientos.

Vuelves a darte palmadas de la misma manera, si el resultado no ha sido totalmente satisfactorio.

3.º Te va a ayudar poderosamente a procesar la emoción el ejercicio siguiente:

Alternando con las palmadas, o, mejor todavía, si puedes, simultáneamente, vas a dibujar unos ochos con los ojos.

La cabeza bien recta, y los ojos dibujando grandes ochos:

— Horizontales, invirtiendo el sentido al cabo de unos segundo.
— Verticales, invirtiendo el sentido al cabo de unos segundos.

Vas mezclando los distintos tipos de ochos durante algo menos de un minuto, y cuando te apetezca, te detienes.

Observas cómo te sientes, qué imágenes y pensamientos te vienen. Vuelves a hacer los ochos y las palmadas hasta que te encuentres realmente transformado.

Recuerda que una emoción responde a una creencia previa, un pensamiento previo. Con este ejercicio no te ha sido necesario revivir la emoción traumática, sino que tú mismo has podido desbloquear tu pensamiento, enriquecerlo de toda tu experiencia de vida hasta llegar a un pensamiento creativo, nuevo para ti. Este nuevo pensamiento te produce una nueva emoción de apertura. Has crecido.

Di en voz alta:

— *«Ordeno que mi cerebro siga procesando todas mis emociones, aunque no sepa cómo»* [27].

---

[27] «Reconocer la dualidad en nuestras intenciones. La eficacia de un imán procede del hecho de que posea dos polos: uno positivo y otro negativo. Lo mismo sucede con las intenciones u órdenes: para que funcionen, necesitamos tomar en consideración ambos lados de la ecuación, incluidos ambos polos de nuestra dualidad. Por ejemplo: «Elijo reconectar mis 13 hélices» únicamente puede convertirse en una poderosa intención si añado: «*aun cuando* ignore cómo (o *aun cuando* me sienta impotente para, etc.) hacerlo». El hecho de incluir ambos polos magnetizará la intención consciente, haciéndola así efectiva y eficaz». *El ADN sin misterio. Guía práctica de reprogramación de las trece hélices al punto cero,* de Kishori Aird, Editorial Vesica, Piscis. Nueva edición revisada, 2008. Capítulo 2, p. 41.

ANEXO 3
Encontrar la generación

En todos los casos te preguntarás primero si es oportuno para el cliente conocer la generación del desorden.

SI TIENES PERMISO para averiguar la generación de un aborto, de un crimen, de una exclusión, etc., podrás elegir entre algunos de los siguientes métodos.

Te pones de pie, orientado hacia el representante de la persona pero sin mirarle, haciéndote la pregunta: *¿es de la generación de sus hijos?*, si no recibes señal, das un paso atrás y te haces interiormente la pregunta siguiente: *¿es de la generación de la persona?*, si no hay señal, das otro paso atrás y preguntas: *¿es de la generación de sus padres?*, si de nuevo no hay señal das otro paso atrás y te haces la pregunta: *¿es de la generación de sus abuelos?*, y así sucesivamente hasta tener una señal.

La señal puede variar de un constelador a otro. Para mí, de repente, cuando estoy en la generación adecuada, mis ojos buscan los del representante del cliente, se clavan en ellos y no me puedo mover hasta decir *aquí* y poner a alguien en mi lugar.

Hellinger explica esta otra manera: con la intención de averiguar la generación, das lentamente pasos hacia atrás, hasta que de pronto no puedas andar más. Y cuentas los pasos que has dado, si son tres pasos, el desorden está en la tercera generación.

También puedes hacer el chequeo tranquilamente sentado. Con la experiencia, estarás cada vez más centrado y este chequeo te resultará muy cómodo.

Pasas revista a la lista de generaciones y cuando sientes tu señal del sí, ya lo tienes. Si eres visual tendrás una imagen de cada generación y si eres más auditivo te irás diciendo:
— Generación de los hijos de la persona.
— De la persona misma.
— De sus padres.
— De sus abuelos.
— De sus bisabuelos.
— De sus tatarabuelos.
— Quinta generación.
— Sexta generación.
— Muy anterior.

ANEXO 4
El movimiento de los dedos

El campo tiene su lenguaje. Las señales que manda suelen ser polisémicas. A veces encontraremos un conjunto de señales que permiten descifrar el sentido exacto del gesto. Otras veces la señal es fugaz, o el constelador todavía no sabe percibir el lenguaje del campo... Cuando no está seguro de lo que le pide el campo, el constelador deberá chequear su interpretación.

Un pintor tiene paralizado el dedo corazón de la mano derecha desde hace varios años y le molesta cada vez más. Colocamos dos representantes: él y su primera mujer. Cuando se pudieron reconciliar, el dedo recobró la vida.

Un representante empieza a sentir tensión en los dedos de la mano izquierda y se le pega con fuerza el pulgar con el índice de la mano izquierda. Cuando coloco ante él a uno de sus progenitores, los dedos se sueltan. La constelación prosigue, algo se va resolviendo y el representante de la persona empieza a agitar el brazo derecho con el pulgar pegado al índice. Pongo entonces un representante para la pareja actual de la persona, la mano se suelta y este paso permite el desarrollo de una nueva liberación.

Dedos que se pegan entre sí

De vez en cuando observaremos que un representante tiene tensión en una mano y que lleva dos o más dedos pegados. Cuando el pulgar de un representante va pegado a otro dedo, el pulgar representa al mismo representante y el otro dedo a otra persona. Que estén pegados significa que el representante tiene algo pendiente con esa otra persona.

De esta manera, el campo nos dice que falta este personaje señalado por el dedo pegado y que al introducirlo, un nuevo paso se va a poder dar. A veces, simplemente, nos señala el tipo de relación que hay que sanar entre el representante y otra persona que ya está presente.

El pulgar representa al mismo representante.
Mano izquierda:
   Índice: uno de los progenitores
   Corazón: una pareja anterior o un amante de uno de los progenitores.
   Anular: un hijo de los progenitores (puede ser el mismo representante en su calidad de hijo. Puede que no haya tomado a sus padres; o que uno de sus progenitores no le haya reconocido como hijo; o puede tratarse de un hermano del representante).
   Meñique: un hermano de los padres o una persona externa a la familia de origen.
Mano derecha:
   Índice: la pareja actual del representante.
   Corazón: una pareja anterior o amante del representante.
   Anular: un hijo del representante.
   Meñique: un hermano del representante o una persona externa a la familia actual.

Movimientos de dedos sueltos

Levantar el pulgar izquierdo: mi madre o bien *yo,* o, menos frecuente, *una mujer.*

Levantar el pulgar derecho: mi padre o bien *yo* o, menos frecuente, *un hombre.*

Extender el índice izquierdo: acusar a un perpetrador, mostrar una víctima de la familia de origen. El que acusa es también un perpetrador que quiere justificarse en lugar de asumir.

Extender el índice derecho: lo mismo pero relativo a la familia actual del representante (acusando a una pareja o a un hijo o a un vecino).

Lo que puede variar es la generación representada por el dedo. Aquí será necesario, pues, chequear a qué generación pertenece.

ANEXO 5
La frase sanadora correspondiente a una sensación corporal

Brazo derecho, peso en el brazo: *llevo tu impotencia para la pareja, o para el trabajo.*

Brazo y hombro derecho: tiene que ver con la vida actual, con la familia actual o las relaciones actuales de la persona (actual significa que pertenezca a su vida de adulto). Tiene que ver con la vida de pareja o de trabajo, tiene que ver con los iguales: parejas, hermanos, relaciones de trabajo, etc. A veces significa masculino.

Brazo izquierdo, peso en el brazo: *llevo tu incapacidad para la familia.*

Brazo y hombro izquierdo: tiene que ver con el pasado o con la relación padres-hijos. Es el brazo de la filiación. A veces significa femenino.

Bronquios, dolor: peligro, miedo, amenaza en el territorio.

Bronquio derecho: referido al territorio afectivo de uno mismo hoy, relativo a sus pares (pareja, hermanos, etc.).

Bronquio izquierdo: el miedo domina, miedo a la pérdida del nido, de los hijos, o de la infancia.

Cabeza, dolor: *no quiero quererte.* (A menudo desaparece el dolor de cabeza haciendo que toque o que mire a alguien o que respire hacia alguien con quien todavía no se había reconciliado del todo —el amor pasa a través del tocar, mirar y respirar.)

Caderas, cuello del fémur: *eres más fuerte que yo.*
Calor en la cabeza: *me siento culpable.* (Se cree culpable de algo que fue inevitable.) *Asiento a lo que pasó, es el destino.*
Calor intenso por el cuerpo: *asumo mi culpa, ahora me doy cuenta, asumo las consecuencias de mis actos. Lo hice yo. Es lo que hay.*
Colon, dolor: *me siento humillado, soy una víctima como tú.*
Cuello, cervicales doloridas: *honro la dureza de vuestra suerte.*
Parte derecha del cuello dolorosa: a un hombre, *tomo en mi corazón la dureza de tu vida.* O bien, *fuiste muy duro conmigo.*
Parte izquierda del cuello dolorosa: *a una mujer, tomo en mi corazón la dureza de tu vida.* O bien, *fuiste muy dura conmigo.*
Dedos: indican con qué persona hay algo pendiente. Cuando se unen el pulgar y otro dedo, el pulgar representa a la persona y el otro dedo muestra con quién esta persona tiene algo pendiente. Entonces es preciso añadir a alguien en la constelación y resolver lo que tienen pendiente. Ver Anexo 2.
Encías, dolor, molestias: *como tú, ya no quiero sostener más.* O bien: *recobro mi autonomía y te quiero.*
Espalda dolorida: se necesita honrar a alguien.
Espalda, L 5 o l5.s1: represión en la expresión del placer *no tengo permiso para disfrutar*, desvalorización sexual *no valgo como pareja.*
Espalda, parte media alta: *asumo las obligaciones por ti. Te devuelvo tus obligaciones, no me corresponden.*
Estómago, molestias, dolor: problemas de orden, *tú eres el grande, yo la pequeña*; enfado, *tomo tu enfado en mi corazón;* contrariedad en el territorio, contrariedades familiares, disgusto familiar, de pareja, *estoy enfadado con...*
Frío en el cuerpo: *te sigo en la muerte.* O bien, *dejo la muerte contigo.*
Garganta, dolor, molestia: *tomo tu secreto en mi corazón. Llevo tu silencio.*
Garganta, molestia con tos: *tomo tu miedo en mi corazón.*
Garganta, picor, con ganas de toser: una culpa vergonzante no reconocida, silenciada *tomo la vergüenza de tu secreto en mi corazón.*

Hígado: carencia básica, movimiento interrumpido. *Estoy muy enfadado, te necesito tanto. No puedo sobrevivir sin...*

Hombro derecho: *asumo sentirme mala compañera, mal compañero, mala hermana, mal hermano*, etc. O bien, *asumo no estar a la altura de tu amor*. Sentimiento de culpa o de no estar a la altura con respecto a alguien de la vida actual; sentirse mal esposo, mal trabajador, mal estudiante.

Dolor en la articulación de acromium con clavícula, con bultos y sensación de que algo no está en su sitio: *¿cómo reorganizo mi vida?*

Hombro izquierdo, dolor, calor: *me siento mal padre o mala madre, no estoy a la altura como madre o padre*. O bien, si está frente a alguien más grande: *como tú, por ti, me siento mala madre, mal padre*.

Hombros, peso en la parte alta de la espalda y hombros: *honro tu carga. Tomo vuestra carga en mi corazón.*

Mandíbula tensa, dolorosa: *tomo tu impotencia en mi corazón*. O bien, *tomo tu ira contenida en mi corazón*.

Mano: tiene que ver con el quehacer presente, la realización, la prosperidad. Mano derecha, realización en la pareja o en el trabajo. Mano izquierda, realización como hijo o progenitor.

Mano derecha pesada o entumecida: *asumo mi incapacidad para la pareja, o para el trabajo.*

Mano izquierda pesada o entumecida: *asumo mi incapacidad como madre o padre.*

Mano rígida: *quiero matar. Estoy en mi derecho de matarte. Es mi deber matarte. Es lo natural matarte.*

Oído interno, dolor: *no quiero oírte.*

Oído medio, dolor: *te tomo tal y como eres, aunque no me puedas decir que...*

Ojo, dolor: *ahora te veo*. O bien, *como tú, no quiero verle.*

Ojo, picor: *me da vergüenza ver, mirarlo.*

Omoplato derecho, dolor: *me siento impotente.*

Omoplato izquierdo, dolor: *me siento avergonzado.*
Ovario derecho, dolor: *respeto tu sexualidad masculina.*
Ovario izquierdo, dolor: *soy una mujer como tú. Asumo mi sexualidad de mujer.*
Páncreas, dolor: *tomo la carencia en mi corazón, asumo la carencia.*
Pecho, corazón, molestias, dolor: *tomo tu pena en mi corazón* [28].
Picores: *tomo tu vergüenza en mi corazón.* O bien, *asumo mi propia vergüenza.*
Pie: vínculo con ancestros más lejanos que los abuelos. Pie derecho: rama paterna, pie izquierdo: rama materna. Los dedos gordos de los pies representan a los ancestros de línea directa (abuelos, bisabuelos, tatarabuelos), los demás dedos a otros ancestros lejanos, hermanos, amantes, víctimas o verdugos de los de línea directa.
Agarrarse a un pie de alguien: *os pertenezco.*
Piernas, la derecha: relación con el padre o con la vida actual. La pierna izquierda: relación con la madre o con el pasado. Si falla una pierna, suele ser que no ha tomado al padre (pierna derecha) o a la madre (pierna izquierda): poner el progenitor correspondiente detrás de la persona.
Piernas, peso en las piernas: a ambos padres *tomo tu carga en mi corazón.*
Pubis doloroso: *no valgo como pareja sexual.*
Pulmones, dolor: *tengo miedo de morirme* o bien de *que te mueras.*
Puños cerrados, pulgar dentro: *me mato para no matar, me agredo para no agredir.*

---

[28] *Tomo tu… en mi corazón, llevo tu…, te devuelvo con amor tu…* son frases prácticamente intercambiables.
Llevo tu… constata lo que hay.
Tomo tu… en mi corazón es la más sanadora. Pues recoge en el centro vacío el sufrimiento de la otra persona, desde el asentimiento y la sintonía con el espíritu. A veces las personas se asustan de esta frase, confundiendo «tomar» con «cargar».

Puños cerrados, pulgar hacia fuera: *te mato por venganza,* o bien, *me vengo de ti,* o bien, *te vengo.*
Recto, dolor: *no te lo perdonaré nunca.*
Respirar: inspirar es tomar, espirar es dar.
Rigidez, tensión en brazos, manos o piernas: energía asesina, perpetrador.
Riñón: *no tengo fuerza. No sé cómo sobrevivir. Todo se me ha echado encima. Soy una víctima como tú.*
Rodilla dolorosa: dificultad para ir hacia. Rodilla derecha: dificultad para ir hacia el padre o algún aspecto de la vida actual (pareja, trabajo). Rodilla izquierda: dificultad para ir hacia la madre o la infancia. Necesita doblar la rodilla ante el progenitor correspondiente.
Tobillo: vínculo con alguien de la generación de los abuelos; maternos si es el tobillo izquierdo; paternos si es el tobillo derecho.
Vesícula, dolor: *asumo mi resentimiento, mi amargura, mi desilusión.*
Vientre, molestias, dolor: *tomo tu expiación en mi corazón.* O bien, *asumo el daño que te he hecho.*

De la misma autora

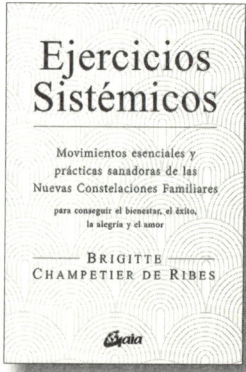

EJERCICIOS SISTÉMICOS
Movimientos esenciales y prácticas sanadoras de las nuevas constelaciones familiares
BRIGITTE CHAMPETIER DE RIBES

Ejercicios sistémicos propone actividades de transformación y crecimiento aplicables a diversas facetas de la vida actual, acompañadas de unas breves explicaciones teóricas que nos permitirán comprender cómo volver a situarnos, con amor y confianza, en el fluir de la vida.

LAS FUERZAS DEL AMOR
Las nuevas constelaciones familiares
BRIGITTE CHAMPETIER DE RIBES

Las fuerzas del amor, de Brigitte Champetier de Ribes, nos lleva a la esencia de las constelaciones familiares y de la vida a través de una comprensión actualizada de los Órdenes del Amor expuestos por Bert Hellinger.

CONSTELAR LA ENFERMEDAD DESDE LAS COMPRENSIONES DE HELLINGER Y HAMER
BRIGITTE CHAMPETIER DE RIBES

Este segundo libro de Brigitte Champetier de Ribes nos adentra en el mundo del significado profundo de la enfermedad, tal y como Hellinger y Hamer lo descubrieron, cada uno a su modo, pero ambos totalmente fenomenológicos, sistémicos y conectados con algo más grande.

De la misma autora

¡ESO ERA!
Movimientos esenciales y prácticas sanadoras de las nuevas constelaciones familiares
BRIGITTE CHAMPETIER DE RIBES

Como revela esta obra en la voz de sus protagonistas, Ángeles y Elena, las Constelaciones Familiares son la herramienta del amor en acción hacia la plenitud humana, individual y colectiva. A lo largo del relato, las reflexiones que intercambian ambas mujeres nos invitan a acercarnos a nosotros mismos con compasión y una mirada profunda.

LOS DESAFÍOS DE LA VIDA ACTUAL
Constelaciones familiares
BRIGITTE CHAMPETIER DE RIBES

Los desafíos de la vida actual ofrece una mirada abarcadora y concreta sobre los aspectos de la vida más difíciles de aceptar, como son la desigualdad, la injusticia, la corrupción, los abusos de poder y la violencia entre hombres y mujeres.

LAS FRASES SANADORAS
El lenguaje corporal y espacial en las Constelaciones Familiares
BRIGITTE CHAMPETIER DE RIBES

Tras miles de constelaciones, Brigitte Champetier de Ribes puede presentar el mensaje de las señales corporales que utiliza el inconsciente, individual como familiar, para orientar al terapeuta. Además del significado del gesto o movimiento, propone una frase sanadora correspondiente al conflicto.

De la misma autora

CONSTELACIONES FAMILIARES. FRASES SANADORAS
Activa tu conexión con algo mayor
y fortalece tu pertenencia al Campo de la Vida
Brigitte Champetier de Ribes

Tras más de dos décadas de práctica y miles de constelaciones en su haber, Brigitte Champetier de Ribes presenta en esta baraja una selección de frases de gran poder sanador. Todos somos Amor en crecimiento y participamos en la evolución de la humanidad, por lo que aquello que pensamos, decimos, sentimos o hacemos afecta no solo nuestro propio destino, sino también el del mundo entero. Resonamos con todo y con todos, y nos entregamos a la Evolución del Amor para crear más conciencia. Si deseas descubrir la fuerza sanadora de la Palabra, toma esta baraja entre tus manos, sitúate en el aquí y ahora y decide tu intención, en lo posible en voz alta. Una vez que estés preparado, sencillamente escoge una carta de forma intuitiva y permite que el mensaje de la Vida te oriente.

GRUPO GAIA

Para más información
sobre otros títulos de
GAIA EDICIONES

visita
www.grupogaia.es
Email: grupogaia@grupogaia.es
Tel.: (+34) 91 617 08 67